限界自治
夕張検証

女性記者が追った600日　読売新聞北海道支社 夕張支局編著

谷沿いに延びる夕張の市街地。中央はレースイスキー場

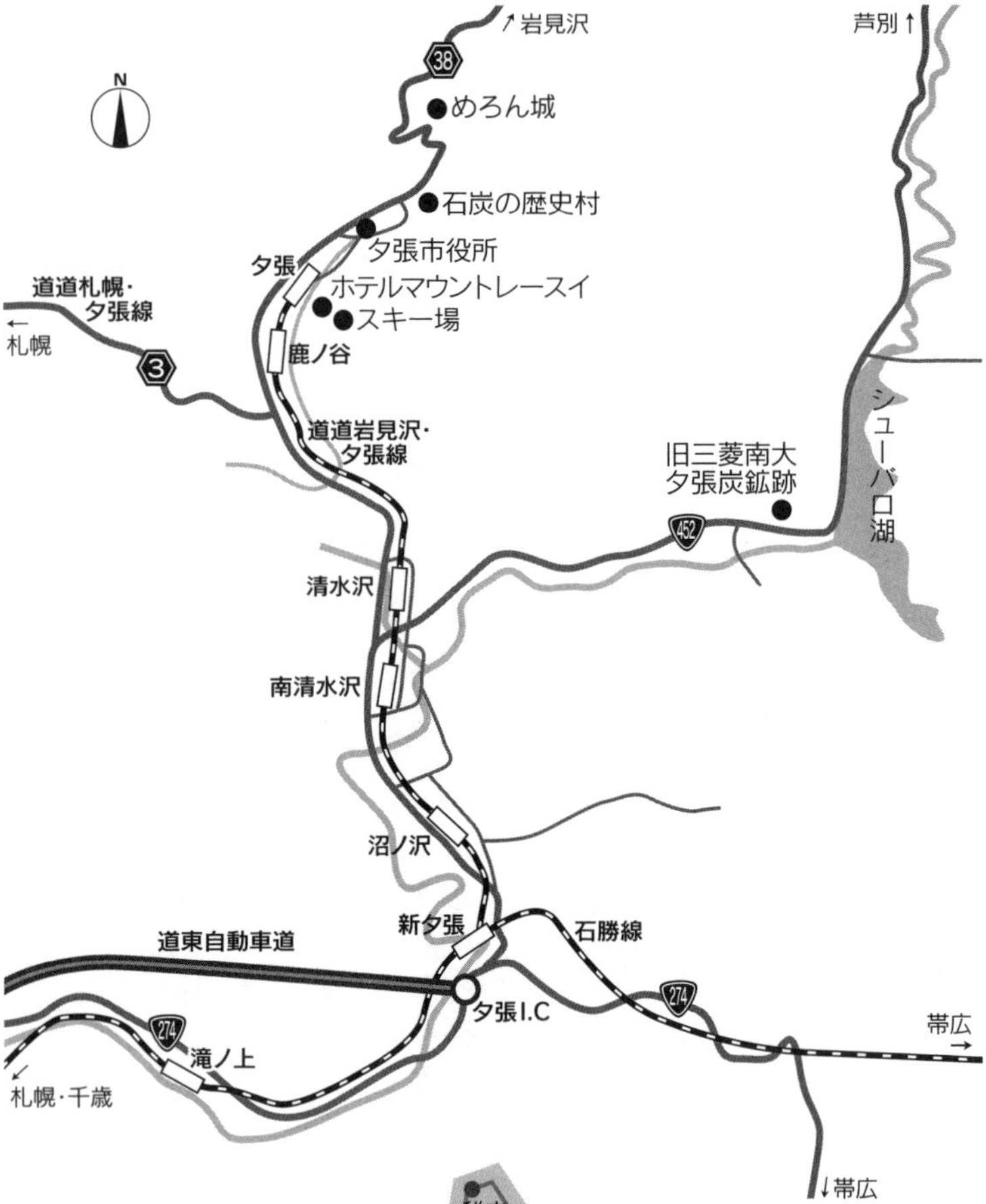

岩見沢
38
めろん城
石炭の歴史村
夕張市役所
夕張
ホテルマウントレースイ
スキー場
道道札幌・
夕張線
札幌
3
鹿ノ谷
道道岩見沢・
夕張線
芦別
シューパロ湖
旧三菱南大
夕張炭鉱跡
452
清水沢
南清水沢
沼ノ沢
新夕張
石勝線
道東自動車道
夕張I.C
274
滝ノ上
札幌・千歳
帯広
帯広
N

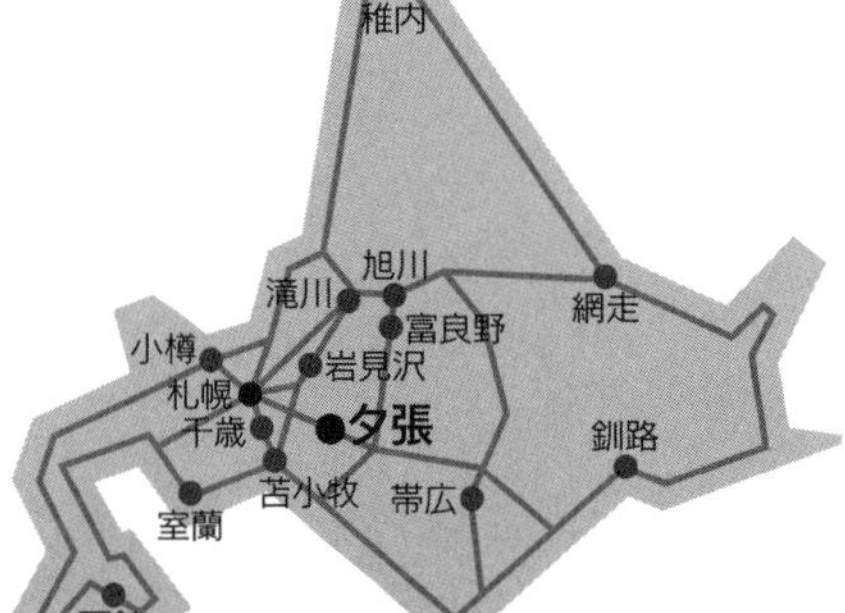

稚内
旭川
滝川
網走
富良野
小樽
岩見沢
札幌
夕張
千歳
釧路
苫小牧
帯広
室蘭
函館

刊行に寄せて

さらなる「夕張報道」に取り組む

読売新聞北海道支社長　浅海　保

この本の出版を前に、原稿を読み返しながら、一つの光景が、眼前に浮かび上がってきました。

それは、もう、40年近くも前のこと。旧国鉄・浦和駅の駅前広場――。

私は、そこで、あるベテラン記者Ｋ氏に言われた忠告を、今もって、忘れません。

「キミ、『記者なんだから、中立でなくっちゃ』などと、しゃちほこばってばかりじゃ、だめだ」

そして、続けました。

「それじゃあ、大事なものを見そこなっちゃいかねないよ」

それは、保守王国・埼玉に、ついに革新知事の誕生か――という状況であればこそ、いつになく、熱を帯びた埼玉県知事選挙の最終日。

残す運動期間も、あと一時間余とあって、駅前広場には、候補各陣営の運動員や支持者が、ぞくぞくと押し寄せ、異様な空気が漂い始めていました。

記者になって二年目の秋。保守系候補の取材班に入れられた私は、きっと、緊張した面持ちでいたはずです。

K氏は、それ以上、言葉を加えませんでした。でも、言わんとすることは――

「新聞記者も人間。近くで取材を続けていれば、情が移ることだって。その時は、感情に委ねてもいいんじゃないか。いや、それこそが、大事な場合も…」

言うまでもなく、新聞原稿からは、極力、「偏り」を排除しなければなりません。たとえ、「真の公平、中立」など、本来は、あり得ないことだとしても。

だが、難しいのは、そんな「偏り」が何をもって生じるのか。それを知るためにも、時に、取材対象に思い切って寄り添ってみる必要がある。一方で、「外部から見つめる、冷静な観察者」であるべきなのは、当然だとしても。

　重要なのは、この間のバランス——ということでしょうか。


　こんなことを書いたのも、まず、第一に、この本の主題である「夕張」と格闘する中、つくづく、この「バランス」を取ることが、私たちにとって困難である、と思い知った事実。だが、同時に、「夕張」は、こんな困難を承知でも、私たちに「外部からの観察者」に止まらず、敢えて、ウチに飛び込んでいくべきだと迫ってきた経緯を、お伝えしたかったから。

　実際、「今、われわれの前にある、厳しく、惨めともいえる『夕張』を生じさせた〝主犯〟は誰なのか」という設問一つに答えるのさえ容易ではない——という現実は、私たちが「冷静、客観的に」とばかり言っていても、埒が明かない状況を、象徴してくれているように思えます。

　読売新聞北海道支社は、夕張市が財政再建団体になったのを契機に、同市の中心部に臨時支局を開設。さらに、住民を支援、応援するための募金活動を展開するなどしました。

これまた、「観察者」であるだけでは…という思いから発したもの。

が、こんな行動にも、賛同の声がある一方で、「自ら、墓穴を掘った市民たちを、そんなに甘やかしていいのか」といった批判、非難を、沢山、頂戴しました。「バランス」を巡る難しさを象徴する、もう一つの証左、と言えるでしょう。

「夕張」を、「我が国戦後史にとって重要な一こま」とする、私たちの認識は、正しいのか否か。その結論が出るまでには、かなりの時間がかかるに違いありません。

ただ、その時を漫然と待つのではなく、この際、「夕張」にでき得る限り接近し、見つめ、場合によっては、当事者たちと相争いながらでも、記録に残そう――。こんな私たちの決意を、現地で実践したのが、この本を執筆した記者たちであり、お手元に届いた本は、その中間報告といえます。

果たして、この本の筆者たち、そして、この本全体が、先に書いた「バランス」を、しっかりと取り得ているかどうか。

その判定は、読者の皆さんに託すしかありません。

ただ、であればこそ、是非とも、忌憚のない批評、あるいは、ご叱責をいただき、それらを真摯に受け止めながら、さらなる「夕張報道」に取りんでいきたい。
これこそが、私たちの願いであることを、最後に記しておきます。

もくじ

装幀・岩田修デザイン事務所

序章　抜かれから始まった

しんとした支局に電話の呼び出し音が鳴り響いた。

市長だった。

「どうしたのですか、こんなに遅くに」

締め切り時間はついに過ぎた

携帯電話が鳴った。２００６年６月９日午前０時過ぎ。たまった仕事を終え、岩見沢支局のソファで取っていた一時の仮眠が破られた。朝刊の最初の締め切りは、とっくに過ぎている。いやな予感がする。

「道新（北海道新聞）が書く。分かっていることを全部書いてくれ」。声の主は、北海道庁を取材する先輩記者だった。

「えっ」。寝ぼけた頭で事情を聞こうとしたが、電話はそれだけ。ソファから跳び起き、あわててパソコンを開く。ここまで取材してきたのに、道新に抜かれてしまうのか…。

新聞記者は、他のマスコミ各社の動きに常にアンテナを張り巡らせている。役所内部にもシンパをつくり、他社の動きを教えてもらう。夕張をめぐる他社の動きも活発になっていた。道新が報道するという情報も、そうした役所内部のシンパから飛び込んできた。

新聞社は、どこの社よりも早く書くことを「抜く」、逆に先に書かれることを「抜かれる」と言う。新聞記者は日々、他社より少しでも早く書こうと競争している。夕張問題は、入社4年目の私にとって初めての大きな課題で、「抜く」ことを目指して取材を続けてきた。それが…。

現在まで600日間近くにわたる「夕張報道合戦」の始まりだった。

◇　◇

夕張市は、札幌市の東方60キロの夕張山地の麓にある。「ゆうばり」という地名は、アイヌ語の「ユーパロ」(鉱泉の湧き出るところ)に由来する。1888年(明治21年)、シホロカベツ川上流で石炭の露頭が発見されて以来、谷沿いに次々と炭鉱が開発され、「炭都」として明治以来の日本の産業振興と戦後の復興を支えてきた。

最盛期の1960年には、人口が2006年の10倍の11万7000人を数え、17の炭鉱で約1万6000人もの労働者が従事していた。

まさに、石炭の歴史抜きで夕張は語れない。しかし、その石炭も60年代以降、安価な海外炭の輸入に押され、さらに炭鉱事故もあって閉山が相次ぐ。最後の炭鉱となった三菱南大夕張炭鉱も1990年に閉山する。

厳しい状況の中で、79年に市長に当選した市役所職員労働組合委員長出身の故・中田鉄治元市長は「炭鉱から観光へ」のキャッチフレーズを掲げ、テーマパーク「石炭の歴史村」の開業、ホテルやスキー場の買収、メロン酒やナガイモ焼酎の製造など、矢継ぎ早に観光路線を推し進めていった。これらは、全国的にも脚光を浴び、地方活性化のモデルとして本やマスコミなどで取り上げられることも多かった。

だが、観光も年々かげりを見せ、巨額な債務が積み重なっていた。その原因を作った中田元市長は2003年4月、6期24年で退任し、その年の9月に亡くなる。後を継いだやはり市職労委員長出身の後藤健二市長は、まだ1期4年目だった。

◇　◇

パソコンが立ち上がるわずかな時間さえ惜しい。心臓の音が聞こえるほどに動揺し、キーを打つ指が震える。いつもなら相談できる支局長はたまたま不在で、ひとりぼっちの支局で時間だけが過ぎていく。締め切り時間が早い早版で抜かれたとしても、なんとしても最終の締め切りには間に合わせたい。

JR札幌駅前にある北海道支社では、飲み会から急きょ戻ってきた報道課長と道庁担当キャップが原稿を待っている。2人のいらだつ様子が目に浮かぶ。

午前1時過ぎ。やっとパソコンで送信した原稿は「夕張市が財政再建団体移行の方針を固める」との内容だった。ところが、札幌の上司の反応は厳しかった。

「ここに書いていることは、全部確認が取れているのか。夕張市は本当に財政再建団体になると言っているのか」とキャップ。続いて、別の上司からの電話。「道庁の内部資料だけをもとに書いているだろ。夕張市に確認もしないで、書くのはだめだ」

十分、分かっている。普通なら、相手に確認もしないで書くことはない。だが、ここで抜かれてしまうと、何か月もかけて進めてきた取材が全部だめになる。1行でも一言でも、夕張問題に触れる記事を載せたい。

◇　◇

支局がある岩見沢市から夕張市までは、車で飛ばしても45分。悠長に向かっている時間はない。真夜中だったが、後藤健二市長ら幹部の自宅に電話をかけまくった。地元の新聞販売店の高橋勇治さんには、電話に出ない市長の自宅にも向かってもらった。しかし、結果は「酒井さん、電気消えているよ」。どうしても、裏付けが取れない。体の力が抜け、ソファに座り込む。札幌からの電話も来ない。あきらめられたのだろうか。

締め切りまであと10分。そのとき、しんとした支局に電話の呼び出し音が鳴り響いた。市長だった。翌日の孫の運動会に行くため、離れて住む娘の家で寝ていた市長を、秘書が奥さんの携帯電話にかけて起こしてもらい、電話するように言ってくれたのだった。

「どうしたのですか、こんなに遅くに」

「財政再建団体入りを決めたのですか。道新の記者が市長に確認に行ったと聞きました」

あわてている。われながら、早口だ。

「来ましたけどね、財政再建団体なんて言っていませんよ」

それなら、道新は何を書こうとしているのか？　おそらく、夕張市の背負った借金と、借金隠しのからくりを書くのだろう。

締め切り時間はついに過ぎた。疲労感がどっと襲ってくる。記事は掲載できなかったが、電話に応じてくれた市長らの好意だけが救いだった。

午前4時過ぎ、高橋所長から道新の記事がファクスで届いた。早版地域の夕張では、岩見沢より先に新聞が届く。

「夕張市　一時借入金300億円　負債総額500億円　道、指導強化へ」。1面に、デカデカと見出しが躍っていた。「地方財政制度　見直し必至に」との解説記事もある。やはり、抜かれた。

入社1年目に札幌で北海道警察を取材していたころ、上司に何度も言われたことを思い出した。「おまえは朝刊と夕刊の1日2回、勝負している。書けたら勝ち、書けなかったら負けだ」。私は負けたのだ。

支局の机に道新の記事を置き、一人座って見つめる。朝刊では負けたから、翌日の夕刊で巻き返さなければならない。わかっている。わかってはいるが、すぐ気持ちを切り替えられない。

これから、怒濤のような取材合戦が始まるだろう。だから、今日だけは落ち込んでもいいことにしよう。そう思い、支局を出た。人けのない街中を、のろのろと自宅へと車を走らせる。もう、辺りは明るくなり始めていた。

新人記者　北海道を走る

「全道一、何もない支局だよ」

２００４年6月、岩見沢支局に赴任が決まったと伝えると、ある先輩がそう言った。岩見沢支局が担当する空知地方の25市町村は、人口規模が小さく、事件・事故も少ない地域だった。

「ま、時間だけはあるから、何年か我慢して勉強してな」と付け加える先輩。だが、「行けば何かあるはず。頑張ってネタを開拓するぞ」と気合を入れ、ＪＲ札幌駅から電車に乗り込んだ。

電車が止まり、降り立ったのは小さなプレハブ。それが、岩見沢駅だった。もとの岩見沢駅は数年前に全焼し、仮の駅舎だった。お世辞にも立派とは言えない。入れたはずの気合が、瞬く間に抜けていく。

その2年後、全国的にも注目される夕張問題が表面化した。新聞記者は、いつどんなことに遭遇するか分からない。そこがおもしろい。

私が読売新聞東京本社に入社したのは、２００3年4月。初任地・札幌市で1年2か月、北海道警察の市内警察署を担当した後、岩見沢支局に異動になった。全国紙に入社した記者はたいてい、最初に警察取材「サツ回り」を経験し、取材の基本を学ぶ。

読売新聞北海道支社の場合、約1年のサツ回りを卒業して初めて札幌市以外の14の支局・通信部に配属される。警察担当として、事件・事故ばかり取材していたのが、行政から裁判、経済、農業、医療、高校野球まで何でも取材しなければならない。

岩見沢支局のある岩見沢市は、札幌から北東に車で約1時間の位置にあり、豪雪で知られる。夕張はさらに、車で45分かかる。支局の体制は、支局長1人、記者2人の計3人。同じ全国紙の朝日新聞、毎日新聞が計2人体制を取るのに対し、読売が3人を置くのは理由がある。

読売は、道内全域のニュースを載せる道内版（3面）とは別に、各支局ごとに市民の身近なニュースを扱う地域版（1面、平日のみ）を持つからだ。岩見沢で言えば「空知版」。この面を、支局長も含めわずか3人で毎日埋めなければならない。

原稿はすぐに底をつく。さらに、この空知版の原稿を出したうえで、全道版、全国版に出せる記事も書かなければならない。全道版、全国版に出す原稿の場合、取材の手間も時間もかかる。

一方、最大のライバルである地元紙の北海道新聞は、道内で120万部の部数を誇り、空知地方で編集・取材に携わる人間は読売の5倍以上の16人と圧倒的に多い。全国紙の記者は、離れた場所にいても情報を提供してくれる人脈をつくるなど工夫はするのだが、どうしても道新の方が早く、頻繁に記事が出る。

だが、泣き言は言えない。夕張市を担当する限り、読者に夕張問題をきちんと伝えなければ。

「夕張はいよいよかもしれない」

北海道新聞には抜かれた。が、夕張市の厳しい財政状況を知らなかったわけではない。

後藤健二市長が財政再建団体入りを表明する5か月前の2006年2月。雪で覆われた岩見沢市内で取材に使っているマイカー「スバル・レガシィ」を運転し、北海道庁の出先機関・空知支庁に向かった。

「寒いですね」。なじみの職員の席の近くに座る。午後5時半の閉庁時間が近い。大部屋にいた職員らは、帰り支度を始めている。そのときを見計らったかのように、なじみの職員は声を潜めた。

「夕張はいよいよかもしれない。市長と助役がそろって総務省に行った。特交（特別交付税）の要望で毎年行っているらしいが、通常は2人で行くことはない。もう、だめですって手を上げたんじゃないか」

とうとう来るのか。私にとって地方自治体の財政は未知の世界だ。気が重い。しかし、考えていても仕方ない。とにかく、明日は夕張市役所に行ってみよう。

◇　◇

岩見沢支局に赴任した当時から、夕張市の財政状況は相当悪いと聞いていた。だが、道職員に聞くと「よくわからない」と言う。「夕張には触れないでくださいよー」などと冗談も飛ばされた。日々の取材に追われ、気にしながらも放置していた。

一方で、「夕張の財政が厳しいのは20年も前からのこと」と言う道職員もいた。市町村の財政状況は道が点検しているだろうし、おかしなことにはならないだろうという甘い認識もあった。第一、これまで市の決算はすべて黒字なのに、突然、財政再建団体になるのだろうか。そうだとすれば、夕張は何を隠しているのか?

◇　◇

「まあ、食べてからにしなさい」

夕張市の職員が、温かいご飯とみそ汁、目玉焼きに焼き鮭などが並ぶ朝食に手をつけるよう勧める。

２００6年5月。午前6時すぎに岩見沢の自宅を出て、この市職員の自宅を訪ねた。夕張市の財政状況を説明してくれるという数少ない職員だ。さすがに市役所ではまずいということで、出勤前の自宅になったのだ。

夕張問題の取材を始めてから、すでに3か月が過ぎている。まず始めたのは、各年の普通会計の決算表を集めることだ。自治体の財政の健全性を表す指標の一つ「経常収支比率」が１１０%を超えている。それなのに、ずっと黒字決算だ。

気になるのは、歳入項目で「地方税」や「地方交付税」は減り続けているにもかかわらず、「諸収入」だけが他の自治体に比べてずば抜けて多いことだ。近年では5割を超えている。「諸収入」って、いったい何なのだ。また、毎年の決算額が20億円ずつ増えている。なぜなのだ。

夕張市の財政部に聞くのが一番早い。しかし、不透明にしてきた事実をすぐ明らかにするとは思えない。それに、手当たり次第に聞き回ると、読売の動きが他社に漏れ、先に書かれる危険性もある。

「また取材が進まなかった」「いろんな視点で取材相手を探そう」。こんな言葉を、日記に記す日々が続く。へこたれず、地下に潜行するように、少しずつ信頼できる人脈をつくろう。こうして、取材に応じてくれたのがこの職員だった。

◇　◇

「いつつぶれてもおかしくないんだよ」

私より先に食事を終えた職員が、お茶をすすりながら、じっとこちらを見つめる。詳しい説明が始まった。

借金が膨らんでいるのは、観光施設を運営する第3セクターの赤字を市が補てんしているからだ。補てんする財源は一時借入金を使っている。だが、このやり方はまもなく限界を迎える。一時借入金の借入額が上限に近づいており、返済期限の迫る借金の資金めどが立っていない…。

私は、食事そっちのけで、食卓に取材ノートを広げる。ひたすら職員の言葉をメモするが、自治体の会計の仕組みへの知識があやふやだから理解が追いつかない。

完全には理解できなかったが、「一時借入金」がポイントだということだけは分かった。

◇　◇

読売社内の動きもあわただしくなってきた。

5月中旬。支社編集部に、夕張問題取材班が顔をそろえた。メンバーは、道庁担当デスク、道庁記者クラブキャップ、道庁担当の記者2人、そして私。報道課長が統括として加わり、全部で6人体制だ。各記者が集めた情報を持ち寄った。

新聞社は、各社で抜き合いの競争をする一方、権力の監視などの共通目的の下、記者クラブを作り、共同記者会見の要求などで協力もしている。道庁記者クラブは、道庁を担当する各マスコミの記者が集まる。札幌では、ほかに道警、札幌市役所、経済などのクラブがある。

マスコミ各社は、各クラブに現場の記者をまとめるキャップを置いている。このほか、様々な問題を役所横断的に取材する「遊軍」記者も置く。医療や教育、スポーツなどの専門分野を持っている。デスクも行政や事件・事故など担当を持ち、取材方針を決めて記者に指示する。

原稿は複数のチェックを経て掲載される。北海道支社の場合、基本的にキャップが現場記者の原稿を手直し、これに担当デスクが目を通し、見出しを付ける編成担当に送る。さらに、編成のチェックを経て、字の間違いなどを点検する校閲作業も行われる。

席についた5人の前に、ある資料が配られた。道庁が夕張問題に対応するために作った内部資料だ。作成は2006年3月。

炭鉱閉山と観光事業への投資の歴史に始まり、一時借入金を使った不適切な会計処理と利子負担、各金融機関別の借入額、人口に比べて多い市職員の数など、夕張問題に関する事柄がほぼすべて網羅されている。グラフまで付いている。この資料が手に入ったことで、夕張問題の理解は進む。

◇　◇

「問題はどう書くか。書くにはまだまだ取材不足だ」

「この資料で夕張問題のだいたいの概要は分かるが、問題は直近の会計でどうなっているか。諸収入の内訳を全部調べないと」

その通りだ。取材不足を認識する。午後11時59分発のJRの最終便で岩見沢に戻る。

午前1時前。岩見沢駅で降りると、ホームに見覚えある後ろ姿が歩いている。空知支庁の市町村課の職員だ。札幌の道庁に呼ばれ、夕張問題の打ち合わせをしてきたのだろうか。話す間もなく、足早に立ち去ってしまった。

道庁でも4月、夕張破綻に備えて夕張問題特命チームが作られていた。トップは、地域振興・計画局長。その下に特命の参事を置き、市町村課の職員など市町村財政の専門家を集めた。夕張を最前線で担当する空知支庁の市町村課も、情報収集などで協力しているようだった。

「諸収入」の内訳が、夕張のからくりの鍵を握っている。これを理解しない以上、先に進めない。

◇　◇

私はある人の元を訪ねた。ある自治体の財政エキスパートで、数年来の付き合いだ。夕張問題の取材が始まって以来、何度も訪ね、地方財政の基本から丁寧に教わってきた。あまりに詳しいから、私は心の中で「博士」と呼んでいた。

この日は、それまでに集めた情報などを基に、夕張のからくりを図にして持ち込んだ。図は、普通会計と観光事業会計、第3セクターの資金の流れを書いたものだった。普通会計から観光事業会計に資金を流し、それを第3セクターの赤字補てんに使う。普通会計が財源を調達するのは一時借入金だ。自治用語辞典によると、一時借入金は一時的に資金不足が生じた場合に借りるもので、年度内に返済しなくてはならない。一時借入金を年度内に返すために、さらに資金が必要になる。一時借入金を財源とするなんて、そもそもだめなはずだ。

机をはさんで向き合った「博士」は、「わかりませんよ」と言いながらも、じっと図を見つめる。「まだまだ勉強不足ですね。決算表には一時借入金は出て来ない。当然、年度内に返すものと決まっていますから」

「一時借入金と諸収入との関係が分からない」

「よくは分かりませんが、おそらく、出納整理期間を使って特別会計と普通会計の間でやりとりしていたのではないでしょうか」

自治体の会計は3月末に閉じるが、資金調達の都合上、3月末までにすべてを終えることは難しい。それを、4～5月に設けられた出納整理期間に処理すれば、前年度の会計に入れられる。つまり、夕張市は、出納整理期間を前年度と今年度のどちらにも該当する「抜け穴」として利用した、というのだ。

決算表にあった「諸収入」は、出納整理期間に特別会計から普通会計に移動させたものだった。

全容が見え始めた。

ところが、そんなさなかの6月9日、道新に夕張報道の第一弾を抜かれたのだった。

◇　◇

6月13日、夕張市長室。私は後藤健二市長に単独インタビューした。取材した情報をぶつけ、市長の判断を聞き出すためだ。

応接セットのソファに案内される。後藤市長が直角に向き合う形で座る。話は道新の報道に移った。

「道新にもあったが、負債が５００億円というのは事実なのですか」

「うん。厳しいね。18年度は何とかなっても、問題は19年度以降。資金の見通しが立ってない」

一言も聞き漏らさないよう、ペンを走らせる。

「それでも自主再建なのですか」

「そう。自主的にやっていきたい。道、国が資金建てを担保してくれるなどね。道、国と話を積み重ねて。でも数十年単位の長期になる。10年で他の自治体並みになるとは思えない」

「道は自主再建を認めるような状況ではないと思いますが」

「厳しいものがある」

「それならどうするのですか」

「分かっているでしょう。今の法では選択肢は一つしかない」

「財政再建団体しかないとおっしゃるのなら、その腹づもりはあるのですか」

「うん」（うなずく）

インタビューは、1時間を過ぎた。この内容なら、「財政再建団体検討へ」という記事が書ける。

実は、前日も同じ内容を後藤市長に質問していた。自治体の命運を決める重要な局面だ。それだけに、念のため再度聞いて真意を確かめたのだが、この日も答えは変わらなかった。このころはまだ、市役所内で毎日や朝日新聞など道新以外の他社の記者に会うことはなく、市長へのインタビューもしやすかった。

財政再建団体とは、地方財政再建促進特別措置法に基づき、総務大臣の指定を受けて赤字の解消を目指す自治体のことだ。赤字額が一定規模（市町村は実質収支比率20％）を超えると、指定対象となる。国の指導・監督の下で再建計画を策定し、独自事業を廃止するなどして再建を進める。

◇　　◇

飛ぶような気持ちで札幌の支社に向かい、「財政再建団体を検討へ」との記事と、後藤市長へのインタビュー記事、解説を用意した。

この日の午後、たまたま支社編集部は道庁の夕張問題担当チームの職員を招き、勉強会を開くことにしていた。出席してくれた道職員も「あれだけの借金があれば、実質的に起債制限比率を超えている。自主再建は厳しい」との見方だった。道の見方も含め、記事の内容を取材班で検討し、最後は編集部長が目を通した。

午後8時すぎ、後藤市長に確認の電話を入れた。新聞社は、役所の不祥事や事件関連などを報道する直前に取材相手に伝えることがある。取材相手が、関係機関への連絡などの対応を準備できる時間を取るためだ。日常的に付き合う取材相手に「仁義を切る」と言う。他社に漏れないよう、連絡はできるだけ直前にする。

後藤市長とは、30分ほどしてから連絡がついた。

「今日、聞かせてもらった話を書こうと思います」

「どんな内容になるのですか」

「財政再建団体への移行を検討する方針を固めたとの内容です…」

「待ってください。財政再建団体なんて言っていません。あくまで自主再建です。議会にも何も説明していませんし」

穏やかだった口調が一変した。

抱える負債の額など状況からして、財政再建団体入りは不可避だ。とはいえ、市役所内でチームができているわけでもないし、市議会でも論議されていない。取材班で話し合った結果、後藤市長が財政再建団体入りに言及し、今年度内に判断すると、トーンを弱める内容になった。

翌14日、北海道版1面と社会面に記事が掲載された。午前9時すぎ、夕張市役所から連絡が入った。秘書係からだ。2日後に予定していた読売新聞と市幹部の飲み会をキャンセルしたいとの内容だった。市の不快感の意思表示だ。

こうして、読売の夕張報道も本格化した。

第一章 ついに財政再建団体へ

「話にならない」
市民200人が怒りを爆発させ、
次々と席を立って会場を後にした。

「何やっていたんだ」

6月20日午前10時半。夕張市議会の傍聴席は、市民と報道関係者でごった返していた。臨時席を含め、70席はいっぱいだ。

後藤健二市長が登壇した。

「市の財政状況は国、道の支援がなければ行政の継続が危ぶまれる現実にあります。資金繰りを安定させるには、より透明性の高い再建計画の策定と実行が不可欠です。自力での財政再建は困難と判断し、法の下での再建に取り組むことを決意しました」

財政再建団体への移行の後藤市長の正式表明だった。市長は、さらに用意した答弁書を読み続けた。

「責任の重さを痛感し、無念の感を禁じ得ません。痛みの伴う行財政再建に真っ向から取り組んでいくことが、次世代の子孫に対する責務であります。苦しくとも、厳しくとも、ふるさと夕張づくりへの決意を新たにし、市民、市議会、市が一丸となって難局を乗り越えていかなければなりません」

傍聴席からは、ヤジが飛んだ。「人ごとみたいじゃないか」「何やっていたんだ」後藤市長の発言は約10分間。なぜ財政破綻したのか、どんな会計操作が行われていたのか。市民が一番聞きたいと思っていた点について、詳細な説明はなかった。

あきれた様子で、男性市民(30)が言った。「財政状態がひどいことは肌で感じていた。市に対しては、いったい何をしているのかと腹立たしい気持ちでいっぱいだ」

財政再建団体への移行表明は、煮え切らない夕張市に対し、報道が外堀を埋めた形だった。表明5日前。中島秀喜助役が道庁を訪れている。道が、市に財政状況の説明を求めたためだ。市町村課の前に、私と道新の記者がいる。テレビ局を含め各社も集まってくる。出てきた中島助役に、カメラのフラッシュがたかれた。

翌16日、報道各社が夕張市役所に詰めかけた。道との協議を受け、後藤市長の判断を聞くためだ。市長は記者会見に応じたが、判断を明確にしなかった。

「重大な決断となる。最終的にはもう少し時間が欲しい」

後藤市長の背後には、中田鉄治・元市長の立派な肖像画。皮肉な光景だった。

翌朝、札幌の支社からの電話で跳び起きた。朝日新聞が全国版で「財政再建団体に移行する方針を固めた」と報道したのだ。記者会見の内容や置かれた状況に加え、追加取材もあったのだろうか。「財政再建団体を検討」とした他社に比べ、一歩進んだ内容だった。

事実なのか。前日から札幌で仕事をし、そのまま宿泊した私は、ホテルから後藤市長に電話した。ところが、返事は一言「ノーコメント」。

なすすべ無く、夕張市役所に車を走らせた。車で1時間半はかかるから、岩見沢支局長に先に向かってもらう。朝日新聞を見て、各社が集まっていた。

各社に囲まれ、後藤市長はこう述べた。

「今の夕張の財政正常化計画では、50年以上かかる。これでは金融機関の理解は得られないだろう。法による再建は道、国が認める再建計画なので、金融機関にも理解を得られるのではないか。（財政再建計画は）聖域無き計画になる」

前日、「もう少し時間が欲しい」と言ったのは何だったのか。自分の意志で判断することを避けている。自分は発言していないが、報道が書いたから仕方ないと言わんばかりの印象を受けた。


一連の動きを新聞で見ていた市民は、混乱した。市から一切の説明もないまま、財政再建団体への移行が一人歩きしだしたからだ。

町では、市民が怒りの声を上げていた。「市役所の発表がないから報道に頼るしかない。

なぜ、こんなに大事なことなのに、市民に説明がないのか」

それにしても、市民に対して情報が少なすぎる。なぜ、直接、市民に説明しないのか。報道に外堀を埋められた形での表明だから、そんな意識はないのか。

市民の間では、市の財政をチェックすることができなかった市議会への不満も爆発した。しかし、ある市議は取材に「借金があることは分かっていたが、これほどの額とは知らなかった」と人ごとのようだった。

◆地方財政再建制度の仕組み

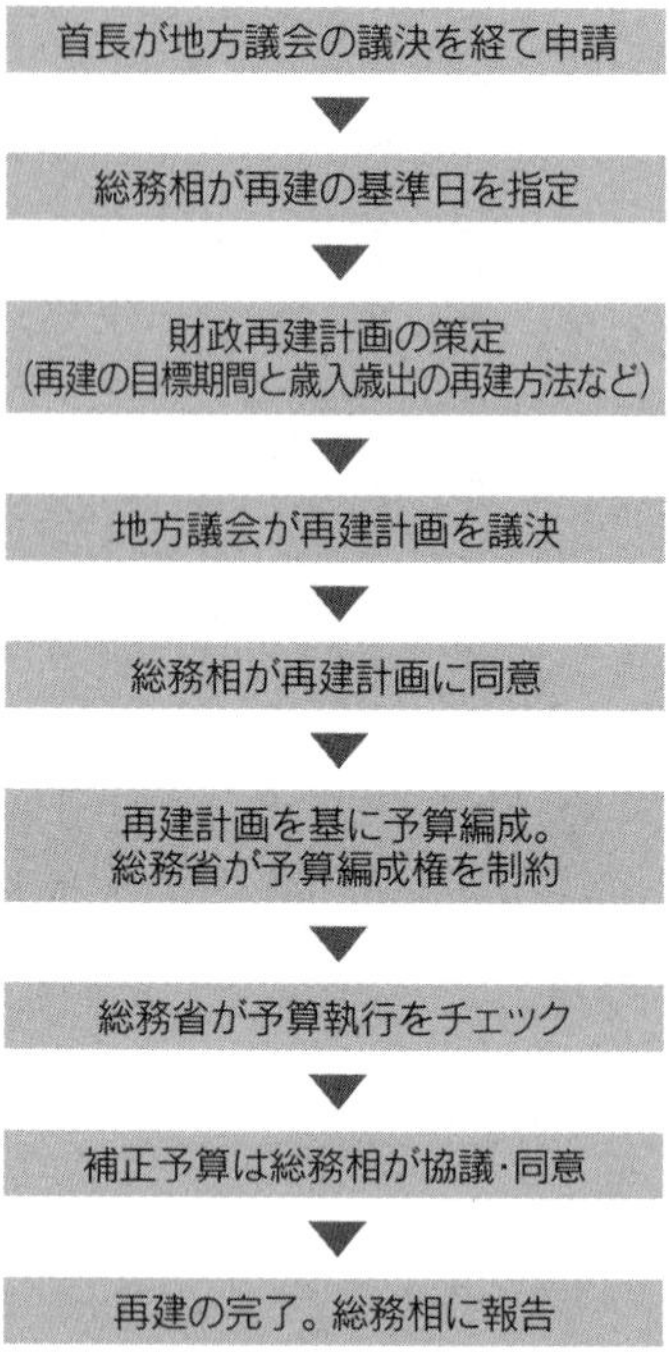
首長が地方議会の議決を経て申請
総務相が再建の基準日を指定
財政再建計画の策定
(再建の目標期間と歳入歳出の再建方法など)
地方議会が再建計画を議決
総務相が再建計画に同意
再建計画を基に予算編成。
総務省が予算編成権を制約
総務省が予算執行をチェック
補正予算は総務相が協議・同意
再建の完了。総務相に報告

◆夕張市の債務の概要（2005年度決算ベース） 単位：億円

区分				一時借入金のうち実質的な資金不足額	長期借入金残高（地方債等）	債務負担行為	合計
夕張市	普通会計	一般会計	一般会計	145.4	109.6	15.8	270.8
		特別会計	住宅管理事業		37.7	15.7	53.4
	公営事業会計	公営企業会計（法適用）	上水道事業		24.1		24.1
			病院事業	27.0	4.5		31.5
		公営企業会計（法非適）	公共下水道事業		21.7		21.7
			市場事業				
			観光事業	90.0	6.2	46.4	142.6
			宅地造成事業		1.8	4.3	6.1
		事業会計	国民健康保険事業	9.5		0.1	9.6
			老人保健医療事業	4.0			4.0
			介護保険事業			0.3	0.3
公社等		第3セクター	(株)石炭の歴史村観光	3.4	15.9		19.3
			夕張観光開発(株)	1.5	4.4		5.9
			夕張木炭製造(株)				
		地方公社	夕張土地開発公社	7.3	35.4		42.7
			(財)夕張振興公社		0.4		0.4
合計				288.1	261.7	82.6	**632.4**

財政再建団体への移行は、福岡県の旧・赤池町が1992年2月に指定を受けて以来だ。同町の場合、32億円の負債を返し、2000年度に再建を終了した。しかし、夕張の場合は負債額が何百億円にものぼり、赤池とはけた違いだ。つぶさに報道するため、読売の体制も強化された。

後藤市長が財政再建団体入りを表明した翌18日、道庁キャップと道庁記者と共に上京した。地方自治が専門の解説部の記者、地方に中央のニュースを送る「内信課」の総務省担当記者らに会うためだ。

東京と札幌、夕張と、取材の体制が整った。

ヤミ起債「書くのをやめてほしい」

北海道庁が、何としても隠し通したい事実があった。道庁の一部で脈々と引き継がれてきた闇の部分だ。

「明日、書いて欲しい」

札幌の取材班から指示を受けたのは、6月21日午前。取材を続けてきた「ヤミ起債」問題のことだ。

簡単に説明すると、空知地方の旧産炭地5市1町（夕張、芦別、赤平、三笠、歌志内市と上砂川町）が、地方自治法で定められた道知事の許可を得ない「ヤミ起債」を発行し、閉山後の地域振興を支援する目的で作られた「空知産炭地域総合発展基金」が引き受けていた問題だった。

引き受け額は、２００６年3月末現在で71億４５００万円にのぼる。資金調達に困った旧産炭地が、内規を改定して「ヤミ起債」を発行できるようにし、基金を管理する「北海道産炭地域振興センター」だけでなく、道もその事実を黙認していた。違法状態の黙認が、道にとって大問題だった。

さらなる問題は、ほかの4市1町が「ヤミ起債」の一括返還を迫られると、夕張市以外にも財政再建団体に転落するおそれがある自治体が出てくることだった。

「ヤミ起債」が始まったのは、資金繰りが苦しく、通常の地方債の発行が認められない状況に陥ったことが一因だ。各産炭地とも財政状況が悪化していたが、「ヤミ起債」に手を出すことで、市町の財政立て直しという問題は先送りされた。「ヤミ起債」がなければ、とっくに財政再建団体になっていたかもしれないのに、住民はその事実を知らされていない。

そして、ツケは住民に回ってくる。

関連資料はすでにそろっていた。あとは関係者に確認をするだけ。書くタイミングを見計らっていた。

取材班が夕張破綻発覚直後のタイミングを選んだのは、壮絶な抜き合戦が始まったことが大きい。新聞社では不祥事など大きな問題が発覚すると、他社の知らない事実を朝夕刊で絶やすことなく記事にすることが求められる。いかに真実に迫る内容を早く出せるか。

「なんて答えるんでしょうかね」

産炭センターの専務理事と会う約束が取れ、先輩記者と共にセンターに向かっていた。十分、取材したとはいえ、不安は隠せない。

小さな応接間に通された。

「聞いていません。ヤミなんて言っている意味も分からない」

専務理事は全面否定した。

先輩が、すかさず「道がきれいにすると言っている」と返す。先輩は、道幹部から「いずれ空知の『ヤミ起債』は是正しなくてはならない」と聞いていた。

「そうなんですか」。そう言うと、少しずつ言葉が和らぎ始めた。

「持続的な運用をするためという道の指導だった」「知事の許可書の写しを添付してない

ものも認めていた」「せっかくあるお金だから、運用で地域振興ができた方がいい」「資金繰りが大変な自治体に貸してくれる人がいますか」

資金調達が大変だった旧産炭地が、窮余の策で取った手法だと認めたのだ。徐々に相手が早口になるように感じる。

「だめだと分かっていてやっていたのか」と私は聞く。

「個人的にはどうかと思っている。道も是正すべきです」

◇　　◇

道経済部の高橋教一部長と会えると決まったのは、その日の閉庁後だった。それまで、道庁内の喫茶店で時間をつぶした。道はどんな反応をするのだろう。想定問答をいくつもノートに書き出した。緊張が高まっていく。

先輩と共に部長室に入り、早速、話を切り出した。すでに、産炭センターから取材を受けたとの連絡が入っているようで、想定問答は全く必要なく、話は早かった。

「運用して地域振興を図る目的でした。市町村側のニーズと、センターの資金需要が合致した。民間金融機関よりも安全で有利な運用を行うことで地域振興を図れる」。道も「ヤミ起債」を認めた。

高橋部長は、言い訳をするように「地域振興」という言葉を何度も口にした。

私は、思わず語気を強めてしまった。「地域振興は大事だが、ヤミ起債は問題の先送りだと思います。そのツケは5市1町の住民に来る」

「是正するため、どういう方策があるか検討したい」

最後に、高橋部長は付け加えた。

「ただ、書くのは1日待って欲しい。関係機関に連絡したい」

「記事を出す、出さないは私が判断できません。デスクにはそう伝えるが、最後はデスクの判断になります」と私。

支社では、すでに出稿していた原稿をデスクが手直ししている最中だった。デスクは「関係機関の連絡は電話で今日でもできる」と判断し、報道を決めた。

最初の締め切りまであと少し。そのとき、道庁で取材経験のある社内の記者やデスクの携帯電話が次々と鳴り始めた。

「書くのをやめてほしい」

「勘違いしている」

電話をかけてくるのは、道幹部とされる面々ばかりだ。組織を守らんとするすさまじい力を感じた。最初のゲラ(見出しを付けて紙面に組んだ記事)が出る午後10時ごろまで電話は続く。報道を止めて、どうしようというのだろうか。

私にも「やめてほしい」とかかってくる。

私は、前日の21日朝刊で、夕張市が第3セクターと土地開発公社をトンネルに、2つのホテルを購入していた事実を「ヤミ起債」に近い不適切な行為として報道していた。そのこともあり、道庁内部で私のことを相当悪く言う職員がいるという。だから、これ以上書くのは私の今後のためによくない、と。

だが、悪く言われる覚えはない。知った以上、報道するのが仕事だ。

翌朝、道幹部の言葉に驚いた。

「どっちがよかったのでしょうかね。市町村の財政を守るというのもありますからね。職員はその辺も考えているのですよ」

冷たい視線だった。

◇　　◇

「ヤミ起債」をはじめ、各社の抜き合戦は壮絶だった。

日々変化する情勢を追うだけでも時間を取られるが、プラスアルファで「抜き記事」を出さなくてはいけない。毎日の生活は、ほぼ仕事と睡眠だけになった。

6月20日の財政再建団体入り表明後、2～3か月はこんな日常だ。

毎朝、道新とNHKの午前7時半のローカルニュースをチェックすることから始まる。「抜かれ」があれば、すぐに関係者に連絡し、夕刊で追いかける。夕刊は取材時間があまり取れないから、スピードが求められる。大きな抜かれになると、札幌にいる記者と協力して取材する。

7月、ゆうばり国際ファンタスティック映画祭が市の財政難から中止が決まったという報道も、抜かれだった。

映画祭は、「炭鉱から観光」を目指した夕張の象徴的な事業として、「ふるさと創生資金（1億円）」を活用して1990年から始まった。国内外の有名俳優や映画監督、歌手を招き、夕張は「映画の町」として知られるようになった。毎年の運営費は1億円。このうち、市が7割近くを補助しており、市の財政状況を考えれば、中止は当然の判断だった。

道新を見るか見ないかの早朝、夕刊担当デスクから電話が入った。

「本版（全国版）に送るから、早めに取材して」

中止が決まった事実など話の筋を書く「本記」（1面）のほか、映画祭の中止を嘆く市民や映画監督、映画祭スタッフの声など、中止の影響を書く「受け」（社会面）も用意しなければならない。識者コメントも取る必要があったので、札幌の記者にも協力してもらった。

朝日や毎日に抜かれることもある。そのため、午前8時半までには岩見沢支局に到着し、自宅での購読紙以外の各紙をチェックした。

抜かれではないにしても、読売でベタ記事にしかなっていない内容が、他社には切り口を変えるなど記者の感性で、大きな見出しが立っていることもある。第三者として各紙を読み比べるのはおもしろい。しかし、当事者の記者は必死だ。同じ事柄を扱う記事でも、少しでも知らない事実が載っていると、書いた記者の顔を思い浮かべながら「そういえば、あのとき急に姿を消したのは取材していたのか」などと考える。

午前9時半過ぎには、関連記事をコピーしたスクラップを手に、車で夕張市役所に向かう。45分間。車中で好きな音楽を聴ける、この時間だけが安らぎだった。

市役所で関係する職員、議員を回る。市役所の外で商工団体や退職した市職員、第3セクターの職員、市内の各団体の関係者を回る。昼食は、岩見沢から来る途中のコンビニエンスストアで買うか、市役所内に売りに来る弁当を記者室で食べた。

記事になりそうなネタがあれば、キャップやデスクに連絡する。道や道議会議員、国会議員、総務省など夕張市外での取材が必要なら、先輩と手分けして電話取材する。夕方すぎ、記者室で記事を書き始め、たいてい夜まで市役所にいた。

デスクの直しが入った原稿「モニター」を、パソコンに電子メールで送ってもらって確認する。さらに、市内の読売新聞販売店でファクスを借り、見出しをつけて紙面に組んだ原稿「ゲラ」をチェックする。その時点で午後10時すぎ。夜食を食べたくても、市内で開いている飲食店はほとんどない。

岩見沢までは山道で街灯が少ない。キツネやタヌキ、エゾシカにも遭遇する。ある夜、夕張市内を走っていて、歩道をあわてて逃げていくヒグマをみたことまである。岩見沢のコンビニエンスストアで夜食を買って支局に戻ると、午後11時すぎ。支局長にその日あったことを報告し、夜食を取る。夕刊をスクラップする。資料を整理して、翌日の仕事の予定を立てる。自宅に戻り、寝る。午前1時だ。そして、また朝が来る。

ほぼ毎日、この繰り返しだった。土日も休みはほとんどない。こんな生活を、夕張市が財政再建団体になる来年3月まで続けるのか。うまくストレスを発散しないといけない。たまには他社の記者と飲みに出たり、運動したり。それでも、精神的に追い込まれていく。

◇　◇

抜き合戦を通して、夕張市の暗部が次々と明らかになっていった。

一時借入金の乱用による資金調達は、10年前から始まっていた。「ヤミ起債」による不適正な財政処理をはじめ、第3セクターの赤字補てんもしていた。

市職員数が人口規模や産業構造が同程度の自治体に比べて倍いるため、人件費が大きな負担となっていた。にもかかわらず、危機的な財政状況下で、2005年8月の人事院勧告に基づき国家公務員の期末手当が改定されたことに準じ、06年6月の期末勤勉手当(ボーナス)を前年より0・025か月分引き上げ、職員平均で7000円を増額していた。

極め付きは、赤字解消のための一時借入金の借り入れ時期が、一部会計で、地方自治法で定められた出納整理期間(4～5月)以降の6月にずれ込んでいた。

期間外の一時借入金を除いて2005年度決算を精査した結果、すでに財政再建団体の転落ラインを超える赤字水準に達していた。当初、決算見込みで245万円の黒字だった05年度の一般会計は、一転、赤字決算に陥ることになった。つまり、財政再建団体入りが予定より1年早まったのだ。

これには、道も「夕張の認識は甘すぎる」と怒った。違法処理をチェックすべき市監査委員は、市の元財政部長と市議の2人が務めていたが、見過ごしていた。後藤市長は違法会計の責任を取り、9月支給分の給与を80％カットした。

市役所バッシングが強まる。

市役所の雰囲気は暗く、職員は皆、言葉少な。市役所内をあちらこちらと動き回る報道関係者の姿だけが目立つ。夕張市役所は、地上6階、地下1階。市内で最も堂々とそびえる建物だ。5、6階には市議会が入る。

市民の中に、不満と共に、「この先どうなるのだろう」という不安が広がっている。財政再建団体入りを決めてから3か月。しかし、いまだ市民への直接説明はない。

初の説明会に市民は怒った

これほどまでに、夕張市民が怒りをあらわにした日はなかった。

冬の訪れを感じ始めた2006年10月4日午後6時前。日が暮れた暗い道を歩き、市民が続々と南部コミュニティセンターに集まってきた。ほとんどがお年寄りで、分厚いはんてんやセーターをしっかりと着込んでいる。

玄関は、テレビ局のカメラ取材の照明でまぶしい。うつむきがちに、市民が中に入っていく。

市は、初めての住民への説明会を開催した。地域ごとに計6回。この日は初日だった。後藤健二市長が6月20日に財政再建団体への移行を市議会で表明してから、すでに3か月半たっていた。ここにきてようやく、市民は632億円の負債の内訳などの説明を直接聞いた。

100を超すパイプいすが並ぶ前方に、市長、助役はじめ部長クラスが座った。

「危機感持ってるんですか」

「借金だけ作って市民に理解を、なんて納得できない。市民が何をしたんですか」

市長ら市側の説明に、ある男性が声を上げた。立ち上がり、まっすぐに幹部の面々をにらみつける。うつむく市幹部。このときまでに、夕張の負債は500億円どころか、632億円に達することが明らかになっていた。

後藤市長は冒頭、財政再建団体に移行せざるを得なくなった理由について、学校整備などの閉山対策、人口の激減、膨らむ市職員の人件費のほか、財源に困った末に行った不適正な会計処理など複数の要因を挙げ、「市長として責任を痛感している。おわび申し上げる」と陳謝した。その上で「市民の理解、協力がないと再建はできない」と訴えた。

しかし、市民がそう簡単に理解し、協力できるわけはない。負債が標準財政規模の14倍に当たる632億円に膨らむまで、何も知らされてこなかったから当たり前だ。毎年市の広報誌で公表される決算は、ずっと黒字だった。市民はだまされ続けたのだ。

「責任取って市長は辞任しろ」

そんな声も上がった。しかし、後藤市長は「私は責任を持って、再建計画の策定に全力を上げたい」と述べるばかりだった。

財政再建団体になれば、市民の生活はどうなるのか。そんな展望が見えないことも、市民の怒りを招き、不安を抱かせた。

◇　◇

住民に借金の状況を説明する5日前の9月29日。財政再建団体の指定を総務相に申し出る議案が、定例市議会で可決された。財政再建団体になるのは、あくまで自治体の意志による。議会で可決した申し出を総務相に行うことから、すべては始まる。

この日も、市民が傍聴に来ていた。市民が不満を抱いたのは、財政再建団体になると市民生活がどうなるのかなど、何の具体的な中身も議論されなかったことだ。

市は、6月20日の表明後、出納整理期間を過ぎた不適正な会計処理など不正が次々に発覚してその対応に追われた。市本体だけでなく、赤字を抱える第3セクターと市立総合病院の扱いがなかなか決まらず、計画策定は遅れていた。

道はそんな市の対応ぶりにいらだちを感じていたが、市と道のスピード感には最初から違いがあった。

高橋はるみ知事は7月14日の定例記者会見で、財政再建計画のおおまかな方向性を決める時期として「8月いっぱい」を目安とした。

対して、後藤市長は「限られた人数で進めている。8月中にまとめられるかは言い切れない」。

計画策定のスピードを少しでも上げたい道に対し、全く準備のないまま未経験の仕事に突入し、右往左往する市。ある市幹部は「何をどうやったらいいのか方法が分からない。能力がないんです」と嘆いた。

そんな状態だったから、住民説明会を開いても、住民の負担増や病院、3セクの処理など具体策は示せなかった。市は「道、国と協議する」と繰り返すしかなかった。

◇　◇

住民説明会で、市民が怒りを募らせた要因の一つに、後藤市長の答弁の仕方もあった。市長は説明会の冒頭、状況を説明し陳謝したが、用意された答弁を淡々とした表情で読み上げるだけ。普段から市長は感情を表に出さない。自治体がつぶれる危機にある一大事にもかかわらず、真剣さが伝わってこない。

市長は、どこかで「負債のほとんどは中田鉄治・前市長の時代のものだ」との認識があったのではないか。「自分の代で作った借金ではないのに、責任を負わされた」と思っていたのではないか。こう感じさせられた。

一方、市民の対応にも疑問に思うことがあった。ここぞとばかり、市幹部に食ってかかる一部の政党支持者がいた。各地域住民が発言できるように、説明会を6回に分けている

財政再建団体適用の総務相申請案を可決し、記者の質問に答える
後藤健二市長（中央が酒井）

のに、どの回にも出席して質問する。1人で長々と演説し、ほかの人に質問させない…。

こうした行動には、ほかの市民からも「聞きたいことが聞けない」と反発の声が上がった。激しく声を荒らげて質問する様子が、テレビを通じて全国に伝わり、気性の荒い夕張市民という一つのイメージが作られた。

市民の市への厳しい批判は、長い回で3時間45分、6回で計16時間を超えた。平日は閉庁後の午後6時に始まり、休日も開いたから、後藤市長は疲れ切った表情でやせ始めた。市幹部も精神的に参った。取材する側も、出口の見えないトンネルにいる気分だった。

◇　◇

住民説明会で見慣れた市の幹部の中に、その人はいた。ほかの部長に比べて4～5歳若く、緊張した表情で座っている。市民が姿を見たのは初めてだ。

道が夕張市に送り込んだ吉田隆・財政再建対策室長。財政再建計画の策定を、実質的に引っ張っていく職員だった。最初の大きな仕事が、住民説明会で財政再建団体とは何かについて説明することだった。

吉田室長が着任したのは、9月15日。財政再建課長、同課調整係長も一緒に道から派遣された。

吉田室長は、旧・椴法華村（現・函館市）に総務課長として派遣された経験を持つ。とはいえ、財政再建団体になろうとしている自治体で、再建計画を策定するのとは訳が違う。厳しい計画内容を突きつけなければならず、市職員に嫌われる存在だ。どんな人物が来るのだろうか。外部からほとんど職員を受け入れたことのない夕張市職員も、注目していた。

「市職員と一緒になって計画を作っていく。小さいまちでも魅力のある宝がある。夕張はメロンというブランドが確立されているが、それ以外の宝もある。そういった物を大事にし、生かして財政再建計画を作りたい」

吉田室長は着任記者会見で、意気込みをそう語った。3人でわずか十数分の会見だったが、非常に緊張しているように見えた。

財政再建計画の策定は、道庁の夕張担当チームが主体だった。

ある関係者が、道と夕張市の関係を、車の運転に例えて説明してくれた。道庁チームトップの道地域振興・計画局長が「ナビゲーター」で、夕張担当の特命参事が「ハンドル」を握り、夕張市の吉田室長らチームが「タイヤ」だ、と。

吉田室長ら3人は「タイヤ」として、遅れていた計画策定作業を加速度的に進めた。道からの指令に基づき、室長、課長、係長それぞれのレベルで夕張市職員を主導していく。

半面、夕張市側の希望はほとんど聞き入れられなくなった。身内に厳しく迫れないがゆえに、市側から思い切った削減案は出てこない。それに、市役所職員は常に市民と接しているだけに、市民感情に配慮して補助などもなかなか打ち切ることができないからだ。道にとっては、何としても計画を総務省に認めてもらわなければいけない。計画が間に合わなければ道の責任問題にもなってくるため、市に送り込む職員の人選は重要だった。

3人の人選は絶妙だった。それぞれにタイプが異なり、市と道のつなぎ役としてうまく機能した。吉田室長は政治家タイプ。職員の意見がまとまらなかったり、迷ったりしたときには、大きな声でがつんと判断を下した。毎日取材に来る報道機関に対しても、「言えることは言える、言えないことは言えない」と毅然とした態度に見えた。

そうした態度が、市職員にとっては「冷たい」と映ったかもしれない。

課長はタイプが違う調和型。市役所内で市職員と机に向かい合わせに座り、耳を傾ける姿がよく見られた。市職員からも「話をちゃんと聞いてくれる」と評判だった。市町村財政が長く、夕張市を担当する空知支庁にも勤務したことがあり、夕張に関する背景的な知識もあった。

係長は、その元気の良さから「鉄腕アトム」と呼ばれていた。再建計画の策定で明け方までかかっても、翌日、通常通りに出勤した。まだ30代で勢いがあり、室長を支えた。

計画策定は「厳しいという次元ではない」(吉田室長）ほど、歳出を切り詰める必要があった。その矛先となったのが、市職員の人件費。間もなく、市職員にとって悲劇的な計画内容が発表される。

破綻の遠因　北炭事故から25年

夕張市が財政再建団体入りを決めた2006年は、別の意味で節目の年だった。財政破綻の遠因となった大きな出来事から、ちょうど四半世紀にあたる年だったからだ。

10月16日正午すぎ。あの出来事から25年後のほぼ同じ時間、読売のカメラマンと元炭鉱マン、新聞販売店の高橋さんと私の4人は、山中に開けた一角に立っていた。当時使われていたのだろう長靴や番号札、バッテリーなどが散らばっている。川の水音だけが聞こえる。静かだ。

25年前のこの日、夕張の街は騒然とした。警察や救急車のサイレンが鳴り響いた。報道関係者のヘリが飛び、札幌などから応援に駆けつけた記者のタクシーが列を作った。住民が、家族の無事を確かめに続々と詰め所に集まってくる。

93人が犠牲になった北炭夕張新炭鉱（夕張新鉱）ガス爆発事故だ。夕張の炭鉱事故では、戦後3番目の規模だった。

この事故を機に、夕張新鉱は翌1982年10月に閉山する。夕張市の石炭産業は一気に消滅へと進んだ。

◇　◇

事故があった当日の午後1時前、体調がすぐれず休んでいた北炭夕張炭鉱株式会社の赤石昭三・取締役総務部長は、夕張市の自宅の電話で跳ね起きた。労務課長の気ぜわしい声。

「でかいのか」

「かなり大きいです。大騒ぎしてます」

赤石さんは、すぐに自宅を飛び出した。

事故は、10月16日午後0時40分ごろ発生した。北炭夕張新鉱の坑口から3300メートル、海面下810メートルの「北第五盤下坑道」でガスが突出した。

それから25年。10月12日、私は札幌の赤石さんの自宅を訪ねた。事故から25年を機に、掲載することになった連載の取材のためだった。

赤石さんは閉山後に夕張を出たが、「夕張のように緑がある所がいい」と、窓から緑の見える閑静な住宅地に住んでいた。遺族感情もあるから取材は断ってきた、という赤石さ

市内各所に見られるズリ山（旧平和炭鉱ズリ山）

んに、無理を言って取材させてもらった。

「万事を鮮明に記憶していますよ」

赤石さんは、ゆっくりと話し始めた。事故の日の朝のこと、遺体が次々と上がり、やりきれない思いだったこと。そして、「生涯の悔恨」とする出来事も。

◇　◇

事故の翌日、坑内では火災も発生し、会社は59人を坑内に残したまま注水消火を家族に提案した。

「早すぎる」

家族は猛反対した。まだ、坑内で生きているかもしれない。反対するのは当然だ。だが、さらなる災害を防ぐためと、会社は説得を繰り返した。

発生から7日後、赤石さんは家族の同意を得るため、技術担当の幹部職員と2人、炭鉱員の自宅を歩いた。坑道はすでに通気を遮断していた。とはいえ、死亡確認はしておらず、自分の手で家族である炭坑マンの命を奪うことになる。だが、何としても判をもらわねば…。

「説得とか、説明ではなかった」。聞かれたことにひたすら答え、ただお願いをする。正座して、じっと待つしかなかった。ある家では、訪れるなり、妻が別の部屋に入って泣き出した。待てども出てこない。見かねた父親が「泣いていても仕方ない」と、部屋に入って判を押させ、持ってきた。

「つらいとしか言いようがなかった」と赤石さん。遺体の収容は難航し、全遺体を引き上げたのは翌年3月だった。

◇　◇

石炭産業は、エネルギー革命の直撃を受け、昭和40年代に入って衰退の一途をたどった。北炭夕張炭鉱株式会社の親会社だった北海道炭礦汽船（北炭）は、経営立て直しのため、国内最高品質の原料炭が埋まり、「東洋一の炭鉱」と言われた夕張新鉱に社運をかけた。

しかし、出水や硬い岩盤が障害となって、工事は遅れた。１９７５年に出炭を始めても、目標産出量の１日５０００トンには届かない。そんな中、集中的に開発を進めていた北部で事故は発生した。

国の事故調査委員会は、現場のガス抜きが不十分だったことなどを原因とし、事故の前兆もあったと報告した。赤石さんは、会社に批判的なグループから、社長ら5人と共に殺人罪で告発され、検事の取り調べも受けた（不起訴）。

◇　◇

「いよいよもって、執筆を初めなければならない――」

赤石さんは1998年、こんな書き出しで始まる「夕張新炭鉱の大事故」を自費出版した。自分が見聞きした事故の状況を後世に残そうと思ったのだ。

執筆を思い立ったのは、95年秋に胃がんとわかり、胃とひ臓の摘出手術を受けたことからだった。「余命が長くないなら、最も苦闘した事故の推移を書いておかねばならない」。家族の歴史と自分史を書こうと、もともと詳細なメモは取っていた。

416ページの本には、家族同意書の取り付けや注水、会社更生法の適用申請、閉山交渉など、包み隠さず記した。報道の対応に追われたくだりでは、「一方的な取材で事実と異なる記事をさらりと流している」と厳しく批判した。

200部作り、増刷を勧められたが「私憤が入っている」と断った。

夕張市は2006年、財政破綻の危機に陥っている。事故が伝えることとは何か。

「国の指導力でしょう。産業に対する基本政策のあり方をきちっとしないと、ツケが来る」

石炭産業が衰退する中、政府は、石油ショックを機に石炭を見直してみるなど、右往左往していると感じたと振り返った。

◇　◇

北炭夕張新鉱のガス爆発事故の遺族は、閉山後に仕事を求めて市外に出たり、亡くなったりしたが、まだ夕張市内にはわずかながら残っている。

その一人、石黒清子さん(58)に会ったのは、私が新鉱跡地を訪れた3日前だった。自宅は、かつての炭鉱会社の社宅。狭いながらも、きちんと整頓された居間に通され、石黒さんは正座して事故について話し始めた。


石黒さんが事故で組合の労働部長だった夫輝美さん(当時34歳)を亡くしたのは、まだ33歳のときだった。「ひょっこり夫が帰ってくる夢も、最近ではあまり見なくなった」というが、精神的なショックと苦労は大きかった。

輝美さんとは事故の8年前、25歳でお見合い。一目見て「頼りになる」と直感し、結婚した。6歳の長女、4歳の双子の姉妹にも恵まれた。事故が起きたと知っても、まさか夫が巻き込まれているとは思わなかった。輝美さんは組合幹部だから、坑内に入ることは少ない。

後で聞いた話では、輝美さんはちょうど坑内の見回り中だった。地上に上がる途中、下で事故があると知り、戻って犠牲になった。

事故から7日目、注水同意書に判を押した。抵抗はあったが、1週間たっていたから、覚悟は決まっていた。「1人でも判を押さないと、皆が早く上がってこられない」と思った。

注水の日。街中にサイレンが鳴り響き、石黒さんは自宅で手を合わせた。まだ、生きていたかもしれない。死亡日が分からないから、命日は10月22日にしている。

輝美さんと再会できたのは、翌年2月だった。病院の霊安室で対面した夫の遺体は、包帯がぐるぐると巻かれ、顔も確認できない。ひつぎの中の夫の姿に、ぼろぼろと涙がこぼれた。

娘を育てるため、市内の小学校の給食調理員をして18年になる。娘の進学のときには、「夫がいれば相談できるのに」と何度も思ったが、立ち止まっている暇なんて無かった。

◇　　◇

会うことができたもう一人の遺族は、夕張市清陵町でスナック「和」を経営する須磨和子さん(62)だった。店のすぐ近くには、北炭夕張新鉱事故の慰霊碑がある。

店のカウンターに座って雑談していたが、事故に触れると須磨さんは伏し目がちになった。「絶対に忘れないけど、忘れたい」

夫の寛さん(当時40歳)は、運搬員として入坑していた。閉山した別の炭鉱「夕張新二鉱」から1年前に移ったばかりだった。

職場にいた須磨さんは、行き交う救急車で異変を悟った。夫は大丈夫だろうか。妹が詰め所に電話すると、「須磨さんは大丈夫」と言われた。一緒に働く仲間が事故後、寛さんと話したという。だが、その会話は混乱の中で起きた幻かもしれなかった。

寛さんが戻らないまま、二次災害で発生した火災を消火するため、須磨さんの元にも会社は注水を提案してきた。しかし、どうしても判を押せない。「生きてるんだから」。判は、兄か誰かが押した。須磨さんは何が何だか分からず、覚えていない。結局、遺体は翌年3月に上がった。

スナック「和」のある一帯はかつて、飲み屋や呉服店などの店舗が並び、炭鉱関係者であふれた。閉山と共に多くはこの地を離れたが、須磨さんは小学6年だった長男に励まされ、「私も頑張らないと」と9年前にスナックを始めた。商売の経験が無かったから無我夢中で働き、今ではなじみの客が足を運ぶようになった。

街の人口減は進む。1980年に4000人を超したこの地区の人口は、今では4分の1程度。高齢化も進み、空き家が目立つ。この状況に、夕張市の財政破綻が追い打ちをかけた形だ。

須磨さんは話す。「お客さんに助けられてここまで来た。東京にいる息子に一緒に住もうと言われても行かないね。住めば都だもの。体が動かなくなったら分からないけど、それまではいるつもりだよ」

最後に「働いている様子を写真に撮らせて欲しい」と頼んだ。いやがる須磨さんに「読者に須磨さんがどんな人なのか知って欲しい」と粘り、イスに上って、カウンターの中にいる姿を撮らせてもらった。グラスや置物が背景に入った写真だ。掲載写真をとても喜んでいた、と人づてに聞いた。

◇　　◇

坑内が激しく揺れた。

「退避だ！」。誰かが叫んだ。

30メートルほど上に逃げ、近くにあった防じん用の救助袋をかぶった。先に逃げていた仲間は、粉炭で生き埋めになっていた。

元炭鉱マンの堀内孝さん(76)は、10人ほどの仲間と坑内の真っ暗な待避所で助けが来るのをじっと待ち、約10時間後、救護隊に助けられた。

堀内さんの付けた日誌やスクラップした新聞記事から、当時の様子がつぶさによみがえる。日誌には、1日1行のスペースに、入坑時間や同じ現場で働いた炭鉱マンの名前、残業時間を記している。事故の状況は、2ページを割き、死と隣り合わせにあった状況を克明に記した。

「午後0時41分、坑内が突然揺れた」「待避所で救助を待っていると、手帳が回ってきて、名前を記した」「眠るな、頑張れと自分に言い聞かせる」「午後6時ごろ、仲間が(地上と)

連絡が取れたぞと叫んだ。助かったと思った」

新鉱近くの建設会社で働いていた妻のセツ子さん（75）は、事故発生を知って、「夫が巻き込まれた」と直感した。すぐに自宅に戻り、待機した。

会社の担当社員が来たのはその日の深夜。「だんなさん、いました」と、玄関に来て伝えてくれたのを鮮明に覚えている。

2人は、財政再建団体入りを決めた夕張市で暮らすつもりだ。堀内さんは話す。「市に言いたいことは山ほどある。でも、なるようにしかならない」

◇　◇

夕張新炭鉱労働組合の最後の委員長、三浦清勝さん（78）（札幌市）は、「会社の増産体制を私が認めなければ、事故はなかったのではないか」と悔い続けている。

1975年の出炭以来、新鉱は度重なる事故で赤字が膨らみ、経営危機にあえいでいた。会社の再建計画は81年3月に公表され、81年度は日産3640トン体制を計画した。だが、同年10月1日～14日の出炭実績は目標の7割余りに過ぎず、増産の号令がかかる。そのことで、地盤にも労働者にも無理がかかった可能性がある。

三浦さんは、事故の一報を組合の事務所で聞き、現場に直行した。仲間の生存状況が分からないまま、ただ時間が過ぎた。事故の翌日、坑内に炭鉱マンを残したまま、会社側が坑内注水を提案してきた。「生きている仲間に死ねということか」と、会社側と話し合いを続けたが、最後には注水を受け入れた。

82年に新鉱が閉山し、組合も83年に解散した。三浦さんはその後も、夕張市に住み続けたが、6年前に病気をしてからは、札幌市で息子夫婦と暮らす。

夕張育ちで、可能なら夕張でもう一度住みたいと思っている。「夕張は、石炭はいらないという国の政策に翻弄《ほんろう》された。今も、夕張に対する国の仕打ちはとても冷たい」。三浦さんは、そう感じている。

「だから夕張は破綻した」

夕張破綻の原因は何だろうか。様々な原因があげられるが、マスコミ各社の論調は「ワンマン中田市長の暴走、そして無謀な観光開発」が主流だ。それだけなのだろうか。肝心の市民はどう思っているのだろうか。

元炭坑マン(77)は、中田元市長が退任した2003年、酒の席で元市長本人に「夕張の借金はどうやって払う気」と聞いたことがある。当時、すでに夕張の借金のことは、市民の間でもうすうす知られていた。元市長は言い放ったという。「メタンガスを再利用して成功すれば、夕張は繁栄する」。もちろん、元炭坑マンは納得できなかった。

自営業男性（48）も、観光業の失敗と中田元市長のワンマンをあげた。「市長は人の話を聞かない人だった。逆らう人がいれば、とばされるとか、間接的にやめさせる方向にもっていくとか、うわさがあるほどだった。市議も言いなりで、市長を止めなかった」

薬剤師男性（58）は、元市長が「借金できるのも実力」と放言していたのを覚えている。「傲慢中田市長の観光やりすぎだったね。収入、支出を考えず、借りるだけ借りた」

一方で、元市長だけではなく、役所全体の責任とする人も多かった。会社員男性（34）は「（中田市長を）選んだ市民も問題あるかもしれないが、役所の人が悪かった。人口が10万人を切っても、10万人いたときと同じ体制のままやっていた」と話す。その上で、自らの体験をもとに、役所内部の内情も明かしてくれた。「私も10年前から2年間、役所で臨時職員として働いたことがある。ボーナスも出るし、残業もないから、臨時職員はずっと辞めない。必要もない人が居続け、20年やっている人もいた。10年前は、臨時職員が職員の3分の1近い100人はいたと思う」

元市長の観光開発の中身についても、辛辣な声があった。スナック経営者はあきれる。「観覧車なんて、谷間の沢の中に作った。普通は、高いところに作って見下ろすから観覧車でしょ。それなのに、山の上の道路から観覧車を見下ろせるなんておかしい。テーマパークそのものが、1回来てもういいわ、というところだった」

さらに、その観光施設を運営するために市が作った第3セクターにも厳しい声が相次いだ。「3セクで働いていて『社員』なのに、自分を『職員』と呼ぶ。役所におんぶに抱っこで、破綻の原因を作った」と、製造業の男性(48)。

それでは、市長、市議を選び、監視の目が届かなかった市民に責任はなかったのだろうか。自営業男性(52)は「炭鉱の町の、衣食住を会社にすがって生きる風土があった。炭鉱がなくなって市民がすがりついたのは行政。市民運動も起こりにくい土地だった。市が破綻したときも、行政訴訟の一つも起こらなかった。夕張は例えるなら、将軍様のいなくなった北朝鮮のよう。中田という将軍様がいて、こびへつらう周りがいて、地形の関係から鎖国のような状態だった」。無職女性(76)も「炭鉱の閉山があって、みんな弱気になって、市長に飛びついてしまった。甘かった」と話した。

炭鉱の町に特有な風土をあげる人は、ほかにも多かった。「原因は、炭鉱時代の何でもタダみたいな空気。払わなくても済むものは払わない、という人が多かった」と、パート女性(40)。「市民が北炭に頼りすぎた。北炭がなくなってからは、市役所任せの市民が多かった。市議会へ行って交渉すればなんとかなった」と、元市職員の無職男性(66)も振り返った。

その半面、国の炭鉱政策・炭鉱閉山に破綻の原因を結びつける意見もあった。「北炭という会社が倒産し、施設や住宅、福利厚生などを市に丸投げしたから、夕張に借金が残った」(農業男性・28)、「一番大きかったのは、北炭がつぶれて人がいなくなったこと。残った人は、依然として夢見てる」(自営業男性・85)、「夕張の町は石炭で成り立っていた。炭鉱がなくなったときに、もう夕張は破綻していたんだと思う」(栄養士・46)、「私たちの町は石炭でやってきたから、国にも責任がある。外から安い石炭を入れた」(飲食業女性・62)、「炭鉱のせいだよ。炭鉱がなくなって、ずらっとあった長屋の住宅を市に押しつけてしまった。市は、直したり、建て替えたり、後始末で大変だったと思うよ」(理容師女性・74)。

◇　◇

一部の市民、特に元市長の政策の恩恵にあずかってきたと思われる人たちからは「いつまでも過去を振り返っていても仕方がない。大切なのはこれからの夕張を考えること」「マスコミは暗いニュースばかり流している」との声もぶつけられた。支局には、市民から抗議も来た。

しかし、そうだろうか。夕張の再建のためにもまず、破綻した原因を明らかにしなければならないと思う。原因をはっきりさせない限り、同じ過ちを繰り返すのではないか。

もちろん、私たちも夕張の人たちを元気づける記事を書いていこう。と同時に、前提として過去も明らかにしていく努力を続けよう。

夕張支局が開設された

岩見沢からの連日の通勤は、財政破綻発覚から１５０日に及んだ。片道45分。夏はいいが、これから積雪が１メートル以上にもなる冬を迎える。凍結した山間の道、峠を走るのは大変だ。

夕張が全国的な注目を集める中、支社でも夕張取材へのさらなる体制作りが迫られていた。ここで浮上したのが臨時支局構想だった。夕張は、炭鉱が栄えていた30年ほど前までは地元紙の北海道新聞のほか、朝日、読売新聞も取材拠点の通信部を置いていた。しかし、その後は道新の支局があるだけだった。

読売新聞北海道支社は、知床半島が世界遺産に指定される前年の２００４年、斜里町ウトロ地区に年４回、１回につき10日前後の臨時支局を設け、取材拠点としてだけでなく、地元民との交流、イベント展開などにも大きな力を発揮した。知床担当デスク、さらに臨時支局長として3年間にわたって知床通いを続けたのが支社編集部の吉木俊司次長だった。「臨時支局の開設は、不安に揺れる市民にとっても、目に見える応援の姿勢を示せる。他社との取材競争にも力を発揮する」。経費、人材面などで支社の負担は大きかったが、支社上層部の決定は早かった。こういうとき、言い出しっぺが支局長に指名されることがままある。

吉木次長は知床・環境担当デスクから一転、地方財政問題で揺れる夕張の支局長として、11月から通うことになった。

◇　◇

そのころ、岩見沢支局の有我栄一支局長は臨時支局開設の方針を受け、賃借する支局の建物を地元の読売販売店主とともに探していた。

新聞社の支局はどこでも同じだが、取材の便を考え、役所や警察の近くに置く。夕張は、市役所、警察署、商工会議所などがすべて市北部に位置する本町地区に集中しており、当然ながら、本町方面の空き家、空き事務所などを当たった。

人口はどんどん流出しており、シャッターが下りた商店や事務所も多い。すぐ見つかるだろうと、私たちはたかをくくっていた。ところが、大きな間違いだった。まず、市内には不動産屋がない！

夕張の炭鉱産業が盛んだったころ、市内の住宅の中心は炭鉱会社の社宅、いわゆる炭鉱住宅（炭住）だった。住宅だけでなく、光熱費や風呂など生活基盤はすべて会社が用意してくれた。だから、炭鉱で働こうと思えば、身一つで行けばよかった。それが、閉山後も行政依存体質につながったと言われている。

今は木々が生い茂る山の斜面に、かつてはびっしりと炭鉱住宅が並んでいた。夜間、住宅に明かりがともると「函館の夜景よりも美しい」と言われたという。

閉山後、市は企業誘致や新産業の開発と同時に、炭鉱離職者の住宅を確保し、人口流出を食い止めようとした。北炭から買い取った住宅をそのまま市営住宅にするとともに、老朽化した住宅は解体し、新たな公営住宅を建てた。

今でも、夕張の６４００世帯の半分近くは公営住宅に住み、民間アパートは数えるほどしかない。約４０００戸ある公営住宅のうち、１３００戸が空き家だ。公営住宅の多い夕張では、不動産屋は商売にならない。

◇　　◇

不動産屋がないから、有我支局長らは手当たり次第市内を回った。市役所や商工会議所、地元の事情をよく知る商店主などにも、空いていそうな物件を聞いた。しかし、なかなか

市内に今も残る旧炭鉱住宅

候補が見つからない。

空き家・空き商店などは、あることはあった。ところが、大半が老朽化しており、冬の暖房・除雪などを考えると、そのまま住める物件はほとんどない。トイレも、水洗ではないくみ取り式の、いわゆるぼっとんトイレで、支局事務員を募集しても、若い女性が来てくれるとはとても思えない。シャッターを開けると、犬のフンが散乱していたり、未使用の棺おけが無造作に置かれてあったりと、さんざんな状況だった。

退職して市外に移転する市役所職員の住宅も当たった。ところが「買ってくれるなら応じるが、貸し出しはちょっと…」。住宅ローンをかかえ、賃料だけを当てにするような余裕はないのだ。

1か月目。あきらめようとしていた有我支局長は、ようやく飛び込みで訪れた夕鉄バスターミナルで、バス会社から2階にある小会議室を借りることができた。

読売新聞を追うように、支局を開設することを決めた朝日新聞も事情は同じだった。彼らも、まったく物件が見つからない。何と、翌年3月に朝日が支局を開設したのは、ターミナルの私たちの支局の隣の部屋だった。

支局は8畳ほどのスペースで、机とイスが3セット、応接セットが入るといっぱい。隣の朝日の支局とは薄いパネルで仕切っただけ。商売敵同士だが、互いの動きは筒抜けだ。

まさに呉越同舟。苦笑いするしかなかった。

◇　◇

支局はできたものの、吉木支局長は自宅がある札幌市の隣町、江別市野幌から路線バスに乗って1時間半。しかし、江別からの始発に乗っても夕張に到着するのは午前11時。戻る最終バスは午後4時で、仕事にならない。ホテル暮らしを週2回は続けていたが、1か月後には私と同じく、マイカーで1時間かけて通勤することになった。「55歳にもなって、凍結した冬道を毎日運転するのはつらい」と支局長。

疲れて、居酒屋に転がり込み、そのまま夕張のホテルに泊まることも多かった。

支局の開設で、取材の効率は上がった。携帯電話でしていた電話取材も、固定電話でできるようになった。秋以降、札幌の支社やほかの支局から応援記者やカメラマンが来る機会が増えたが、打ち合わせや仕事のスペースとしてもフル活用した。

支局ができたことが地元にも知られ、市民らも支局を訪ねてくれるようになった。財政再建計画で補助が切られると活動できない、と訴える市民グループが、自分たちの活動をPRしに来たこともある。支局を作る前よりも多くの情報が入るようになった。そして、市民から「みんな去っていこうとしている街に、こうして来てくれたことは何よりもうれしいし、心強い」と言われたことは、こちらも本当にうれしかった。

しかし、支局の問題は、そのあとも私たちを悩ませた。

臨時支局は当初、半年間をめどに開設すると言われていた。支局長も、そろそろ夕張勤務は終わりかなと考え始めていた2007年4月、会社幹部から支局長にびっくりする言葉が飛び出す。「臨時支局は、正式な支局に昇格させる。ついては、あなたも正式な支局長にする」。支局長に夕張に引っ越せということだった。

半年ではとても済ませられない夕張問題の重要性が評価されたようで、私たちもうれしかった。北海道、いや日本の地方自治問題の最前線で、取材させてもらうということは、大変な名誉だ。

正式支局に昇格するのはいいが、臨時支局の部屋は狭く、午後9時には閉めなければならない。できたら、支局長住宅も併設したい。あらためて、私たちは支局候補の物件探しに追われることになった。しかし、やはり見つからない。数週間後、ひょんなことから見つかった。

◇　◇

青年会議所のメンバーと飲んでいた際、支局長が窮状を訴えた。すると、所有する建物が空いているという。それが、2007年5月に現支局を開設した旧・清水沢郵便局だった。330平方メートルの大きな平屋建てで、3分の1を支局長住宅に改装し、支局長は

旧・郵便局を改装した読売新聞夕張支局

奥さんと犬、猫を引き連れて引っ越し。新たな夕張の拠点が始動することになる。

衝撃の再建計画に絶句

「話にならない」。市民２００人が怒りを爆発させ、次々と席を立って会場を後にした。残ったのは、ずらりと並んだ空席のイスと、後藤健二市長ら市幹部だけだった。

２００６年11月19日、夕張市民研修センター。この日は、財政再建計画の骨子を説明する住民説明会初日だった。怒りの理由は、市民税の引き上げなど住民負担増が具体的に盛り込まれていた骨子の内容だった。計画の骨子は、実質負債６３２億円のうち、地方債残高などを除いた３６０億円を20年程度で返す内容だった。３６０億円の内訳は、一般・観光事業など４会計と第３セクターへの市の損失補償などだ。

３６０億円を返済するためには、歳出を最大限削り、歳入は公共料金の値上げなどで増やすことが基本となる。監督する総務省がこだわったのが、歳出面では「全国最低」だった。維持管理経費のかかる公共施設は、市内唯一の養護老人ホーム、図書館、美術館など多くを廃止する。さらに、11校の小中学校は各１校に統廃合し、プールや市営球場、公衆ト

夕張市の住民説明会。市側の答弁を不満として住民が立ち去った。
後藤健二市長がやむなく中止を表明

イレ、共同浴場、市役所連絡所なども廃止する。市の補助事業も、高齢者敬老バス乗車証、ホームヘルパー派遣、子育て支援センター運営、小中学生鑑賞教室、農業振興対策、中小企業育成対策、防犯灯設置・維持、交通安全対策など、片っ端から打ち切る内容だった。

◇　◇

市民に痛みを与えるなら、まず市役所自ら率先して痛みを共有しなければならないと、人件費カット案も示された。しかし、計画で示された市職員の待遇はあまりにも厳しかった。給与3割減（全国市町村で最低水準）、特別職給与6割減、特殊勤務手当全廃、期末勤勉手当（ボーナス）当面2か月分削減（年間約6割の減額）…。一般職員の41歳モデルで、年収は370万円程度と4割減だ。

退職金に至っては、2006年度から2010年度までに段階的に最大4分の1にまで削減し、早期退職をあおっていた。これだと、4年後に辞めた場合よりすぐに辞めた方が、生涯賃金が高くなる人も出てくる。つまり4年間タダ働きになる。特別職は退職金もない。

これによって、同規模の自治体（岡山県里庄町）の倍いる約300人の職員を、2009年度当初までに半分以下に減らすという。こうした計画で、総人件費の削減だけで、年間12億円の削減効果を見込む。

◇　◇

◆**市民負担の増加**

市民税（個人・均等割）	3000円 → 3500円
市民税（所得割）	6.0% → 6.5%
固定資産税	1.40% → 1.45%
軽自動車税	現行税率の1.5倍
入湯税新設	150円
施設使用料	50%引き上げ
ゴミ有料化	家庭系混合ゴミ１リットル２円、粗大ゴミ１キログラム20円など
保育料	国の基準額に改正
下水道使用量（10立方メートルあたり）	1470円 → 2440円

◆**小中学校の統廃合**

10年度までに４中学校、７小学校を各１校に統廃合
スクールバスを運行

◆**夕張市が廃止する市施設**

支所など	各連絡所（５か所）
福祉施設	養護老人ホーム
社会福祉施設	図書館 美術館
衛生施設	共同浴場（６か所中の２か所） 公衆便所（７か所）
集会施設	紅葉山武道館 青年婦人会館
体育施設	南部テニスコート 南部市民運動広場 市営球場 水泳プール
公園施設	コミュニティ花壇

一方、歳入面では逆に「全国最高」が基本で、一般市民の負担増は大きかった。市民税の均等割は500円増の3500円、所得割は0・5％増の6・5％、固定資産税は1・40％から1・45％へ、軽自動車税率は1・5倍、施設使用料は5割アップ、下水道使用料は10立方メートルあたり1470円から2440円へ…。

市が家族の構成員ごとに負担増を調査したところ、40代の夫婦と小学生、幼稚園児の4人家族(全世帯の2％)が最も負担が多かった。この大きな原因は、保育料が一気に国の基準に値上げされたことで、負担増は年間16万5880円に上った。続いて負担増が大きかったのが、50代の夫婦と小学生の子ども2人の家庭で年間4万8480円、65歳以上の夫婦が年間2万5400円、65歳以上のお年寄りが年間4340円だった。

私は、市民の反応を聞いて回った。長男(4)と二男(2)を保育園に預ける女性栄養士(37)は「割安な無認可保育所に通わせることも検討しないといけない」と、ため息をついた。長男(3)を預けるパートの女性(34)は「自然豊かな夕張は、子どもに良い環境。しかし、不便で税金も日本一高くなってしまっては、住む意味が無くなってしまう」と、肩を落とした。

◇　◇

夕張市中心部から車で30分。国道を挟んで、300世帯ほどの小さな集落がある。かつて栄華を誇った「三菱南大夕張炭鉱」のあった南部地区だ。

ここで11月上旬に開かれた住民説明会に出席した安友千代太郎さん(69)は、市の説明にがく然とした。市側が地区唯一の集会施設「南部コミュニティセンター」や市の連絡所などを廃止する方針を示したからだ。

「何から何まで廃止され、最低限の暮らしもできない。これでは、老人いじめだね」

コミュニティセンターは、地区のサークル活動やイベント、葬儀会場として幅広く利用されている。連絡所も、お年寄りに最も身近な相談所として親しまれてきた。近くに大人数が集まれる場所はない。今後は、身近な相談も、10キロ近く離れた隣の地区の出張所まで出かけなくてはならない。

2年前に建設会社を退職した千代太郎さんは、母はなさん(96)、妻喜久美さん(64)と3人暮らし。毎月の生活費は、3人分の年金24万円に、近くのダム建設現場の寮で働く喜久美さんのパート収入を加えた34万円だ。

冬場は、パートの建設工事も中断する。現在の収入は、年金だけ。「生活はギリギリ」と、喜久美さんは地元ハローワーク(公共職業安定所)から持ち帰った求人票を見つめる毎日だ。

この南部地区には、食料品店がない。卵1個買うにも、最も近い隣の地区のコンビニまで車で15分かかる。バスは1時間に1本。財政破綻の影響でバス会社への市の補助が廃止される来年は、本数のさらなる削減も予想される。車がないと、暮らしていくこと自体が厳しい。

3年前、千代太郎さんは病気で倒れ、タクシーで隣町の病院に運ばれた。タクシー代は知り合いの運転手にまけてもらったが、それでも7000円かかった。

万一の事態に備え、千代太郎さんだけでなく喜久美さんも、自動車の運転免許を取得した。税金やガソリン代を節約するため、車は軽自動車に替えた。

心配なのは、財政再建団体への移行に伴い、市が積雪10センチだった除雪車の出動基準を15センチに引き上げたことだ。冬は吹きだまりもあるため、軽自動車で大丈夫なのか不安が残る。

「借金の原因を作った行政の人たちは、夕張から逃げ出さないで私たちの生活を見続けてほしい」。喜久美さんは悲痛な声を上げた。

◇　　◇

計画では、人件費、事業などを切り詰めて年間17億2000万円を削減し、住民負担増で年間1億7100万円の増収を見込む。すべてを借金返済にあてられるとすると、毎年18億9100万円を返済する。単純計算で、360億円の借金返済に20年程度かかることになる。

菅総務相は、11月28日の閣議後の記者会見で「住民に冷たいという批判もあるが、たとえば市の職員数は人口規模に比べて極めて多かった」と指摘し、さらにあらゆる面で全国最低水準まで切り詰めを求める考えを改めて強調した。

これには、夕張市はもとより、取材で訪れた道庁内でも「これ以上の削減は難しい」と嘆きがあがっていた。

◇　◇

夕張市役所に通うようになってから1年近く。多くの市職員と顔なじみになっていた。仲良くなった人も多かった。その職員たちが、年収4割減の事実に、怒りを超えて落胆していた。

なぜ、これほどまでに削減率を上げる結果となったのか。それは、計画の策定過程で、職員数と給与（総人件費）の削減が大前提だったからだ。

「何度作っても突き返される」。道を通じた総務省との協議が始まった10月、市が提示する案はことごとく変更を求められた。問題となったのは、人口規模が同程度の自治体に比べ、総人件費がかさんでいたことだ。取材の中で、市側にも当初から「職員減は免れない」との覚悟があることは知っていた。しかし、総務省の姿勢は市側の予想をはるかに超える厳しさだった。

総務省の考えはこうだ。

人件費は、最もわかりやすい形で確保できる借金の返済財源。職員数は、減少する人口の将来予測に立脚して、考えるべきだ――。私には、総務省の夕張に対する不信感もあったと思える。なぜ、不適正な財政運営をしてまで、巨額の赤字を抱え込んだのか。ある総務省幹部は「財政規律を逸脱して抱え込んだ累積債務。自己責任を負うのはやむを得ない」と断言していた。道幹部がいみじくも言うように、総人件費の削減額は、いわば再建への市の「やる気を示すバロメーター」だったのだ。

夕張市職員の人件費を決める上で、目安となったのが島根県海士《あま》町の削減率28％だった。これを上回ることが、総務省と協議に入る前提条件と言えた。

しかし、市の人件費が飛び抜けて高いわけではない。ラスパイレス指数（国の平均給与額を１００として算出した指数）は、２００３年度までは96％以上だったが、04年度には92・7％、05年度には90・1％に落ちている。05年度は２０６あった道内市町村のうち、１９１番目だ。

問題は、炭鉱最盛期に大量に採用した職員数だった。病院職を除き、06年４月１日現在で３０９人いる職員数を大幅に減らすことが、財政再建計画の一つの柱だった。

市は財政再建団体入りを決めてから前倒しで削減に取り組んでおり、2006年9月に職員給与を15％削減したばかりで、「これ以上削減率を増やすと若い職員の生活を守れない」（市幹部）。その中で、譲歩して5％上増しした20％削減を計画の骨子に盛り込もうとしたが、国の姿勢は厳しかった。

何度作っても突き返される作業が続いた。そして「給与3割削減」が打診された。市幹部は「これじゃあ事実上の解雇通告だ」と嘆いた。

当然ながら、職員も反発した。

大学進学予定の息子を抱える50歳代前半の職員は、私につぶやいた。「大学に行かせたいと思っているから、仕事は辞められない。でも退職金が減っていくなら辞めた方がいいのかもしれない」

夕張市は、職員自らが血を流すことで、再建へのスタート地点にようやく立った。

◇　◇

住民、職員に厳しい負担を強いた財政再建計画骨子。しかし、発表直後から早くも実効性への疑問が浮上した。正直言って、財政の素人の私にも到底実現不可能と思えた。

市が骨子を発表した翌11月15日の道議会総合企画委員会。骨子に目を通した道議から鋭い声が飛んだ。「これだけ負担を強いて、本当に財政再建が可能なのか」。道当局は「これから国と細部を詰め、見通しを示したい」と、苦しい答弁に終始した。

こうした不安が噴き出したのは、360億円に上る巨額債務の返済の可否が不透明だからだ。20年程度と言われる計画期間で単純計算した場合、年平均の返済額は18億円。現在の市の標準財政規模である45億円の4割近くを占める。

少子高齢化は進み、市人口は2015年に1万人を割り、2025年には現在の半分の7300人になる推計もある。市税収入の見通しは厳しい。痛みに耐えきれず、まちの将来に展望を見いだせず、人口流出に拍車がかからないのか。その場合、借金を返し続けることができるのか。

市の債務の多くは、金融機関からの一時借入金だ。地方債に比べて金利が変動し、安定的に債務を圧縮しにくいという事情もある。

◇　◇

財政再建計画の策定過程で、夕張市の意見は取り入れられる余地がほとんどなかった。計画策定段階から、国の管理下に置かれた状態だった。計画を主導する道も、巨額の負債の返済計画がいかに国から同意を得られるかを暗中模索だった。

一方で、国と同じ歩調で夕張バッシングの強かった世論が、このころから少しずつ風向きが変わってきた。読売新聞など新聞各社の全国版で、夕張の苦境が伝えられた。東京のテレビ局の取材クルーが次々と取材に訪れ、雪の夕張でとぼとぼと歩く老人などを撮影した。著名なタレントによる特集番組もあった。

夕張の厳しい状況が全国に発信され、夕張への同情世論が少しずつ形成されていった。

3セク観光施設が相次ぎ破産

「3セクが自己破産するらしい」

そんな情報が携帯電話に入ったのは、2006年11月28日。ある程度予想はしていたが、関係者に取材すると、やはりそうだった。

翌29日の朝刊で、「石炭の歴史村、自己破産へ」と書いた。その日、第3セクター「石炭の歴史村観光」は札幌地裁に自己破産を申請し、手続きの開始決定を受けた。

第3セクターは、財政再建計画を策定するうえでネックだった。巨額の赤字を抱え、損失補償している市にも負債が及ぶからだ。

「炭鉱から観光へ」をキャッチフレーズに、市は1980年代以降、観光施設を相次いで建てた。その手足となって観光事業を担ったのが、「石炭の歴史村観光」ともう一つの3

セク「夕張観光開発」だ。2社とも、社長は後藤健二市長が務め、幹部はほとんどが市からの天下りだった。

歴史村観光は、石炭博物館をはじめ、1000体もの世界の動物のはく製を展示した動物館、ロボット大科学館などの観光施設を運営する。夕張観光開発は、ホテルマウントレースイ、マウントレースイスキー場、ホテルシューパロなどスキー場・宿泊部門を担っていた。公園も含めると、両社の運営施設は約40に上る。

市は、議会で求められても「3セクは民間会社」として詳細な財務状況や売り上げを示してこなかった。実際は、黒字の施設はホテルマウントレースイなど2〜3施設のみで、赤字分は市の観光事業会計が補っていた。市が抱える632億円の負債のうち、観光事業関連分は222億円に上っていた。

2006年6月20日に市が財政再建団体入りを決めた当初から、両社の存続は厳しいとみられていた。市の財源補てんがない限り、経営が成り立たないからだ。

石炭の歴史村観光の負債総額は74億8171万円。貸付金や委託料などで、市に35億円の負債が発生した。従業員38人のうち、希望者は夕張観光開発のスキー場とホテルで再雇用するが、スキーシーズンの終わる3月末以降の雇用は保証できなかった。

その日、歴史村観光の事務所を訪れると、専務に開口一番「何なのよ、あんた」とどなられた。いつもは温厚な人だけに、どきりとした。

申請を出す前に「自己破産へ」と記事を書くと、取り付け騒ぎになる危険性がある。社内では、歴史村に財産らしきものは残っていないとの判断で記事を出したが、専務は相当冷や冷やしたらしい。

だが、すぐに「あんたも立場があるからね」と、取材に応じてくれた。新聞記者の仕事を理解してくれたこの専務には、このときだけでなく、世話になった。

30日、後藤市長は会社で記者会見を開き、陳謝した。「万策が尽きての破産。責任の重さを痛感している。誠に申し訳なく、深くおわびする」

夕張観光開発が自己破産したのは、年度が変わった2007年4月2日。負債総額は54億6000万円、解雇者は138人に上った。

3セク2社を巡っては2006年8月に、札幌の中小企業診断士などによる外部経営診断が行われたが、結果的に全く反映されなかった。詳細な経営診断結果も公表しておらず、果たして意味があったのか疑問だ。

市民冷ややか　政治家の夕張詣で

御用納めの12月29日。凍てつく寒さだ。私は厚いコートを着込み、市内で菅義偉総務相の来訪を待っていた。そばには、コートも着ずに道庁幹部や市役所幹部らがいる。しゃべると、白い息が上がる。

その7日前、総務相は記者会見で「実態を自分の目で見て、関係者らと意見交換をしたい」と、初めての夕張視察を発表した。視察するのは、養護老人ホームや公営住宅、公衆浴場、市立総合病院、石炭博物館、めろん城、市役所など。合間には、3回の市民代表らとの懇談会も設定されたが、わずか滞在3時間半で東京に戻るという駆け足の視察だった。

懇談会には、商工会議所会頭や市農協組合長、青年会議所理事長、市老人クラブ連合会代表、市長、議長など13人が出席し、夕張の厳しい実情への理解を求めた。

菅総務相は、財政再建計画の総責任者として夕張に厳しい姿勢を示してきた。その人が、いったい、どんなことを話すのか。視察前、私たち記者の間では夕張に対する温情などの「おみやげ」はないとの見方だった。

視察のあと、いよいよ記者会見が市役所4階会議室で始まった。各報道機関の総務省担当記者、道庁担当記者、夕張市担当記者が並ぶ。その周りを、総務省の職員や道庁、市職員が取り囲む。

「再建に向け、市民の強い意気込みを感じた。交通の便が悪いなど夕張特有の事情も分かった。安倍首相からも、高齢者や子どもに配慮するように言われている。夕張が頑張っている姿を見せれば、国が支援をしても国民は理解してくれるはず。一定の行政サービスは国が約束する。特に、高齢者と子どもには配慮したい」

「それは、これまでの計画を改善に向け見直すということか」と総務省担当記者。

「そうです」

私たちの予想は見事に覆された。厳しい財政再建計画骨子を一部修正するというのだ。

この大臣発言を受け、最終的な財政再建計画ではわずかながら5項目が改善された。①廃止した敬老パス（200円）は、300円に値上げして存続②公衆トイレの一部存続③保育料値上げは段階的に④スイミングセンターは夏季休暇限定で存続⑤南部コミュニティセンターは町内会による運営で存続――。だが、市職員の待遇が改善されることはなかった。

◇　◇

菅総務相の夕張視察は、12月に入ってから、先を争うように相次いだ政治家の夕張訪問という伏線があった。背景には、翌年4月に控えた統一地方選がある。民主党など野党は、夕張破綻を地方格差の象徴として、選挙戦の争点にしようとしていた。

口火を切ったのは、12月3日に訪れた元長野県知事の田中康夫・新党日本代表だ。車座集会を開き、「国や道は都合のいい時だけ口出しする。市に責任を押しつけるのではなく、夕張再建のために汗をかくべき」「夕張は日本の縮図」と、市民やマスコミに訴えた。

民主党の鳩山由紀夫幹事長や北海道知事候補の荒井聰衆院議員ら議員団10人が訪れたのは、12月25日。夕張問題で与党への対決姿勢を示すため、「計画骨子は総務省からの押しつけだったのではないか」と後藤健二市長に迫った。

一方で、市民は大物政治家の夕張入りを冷ややかに見ていた。「計画骨子ができてしまった段階では、もう遅い感じがする」「選挙を控えたパフォーマンス」「マスコミで道や国に批判が向いたから、夕張を訪れただけ」

◇　◇

政治家の相次ぐ視察が落ち着き、夕張はようやくあわただしかった２００６年を終えようとしていた。大みそかの31日は、冬の太陽がまぶしいよく晴れた日だった。地元読売新聞販売店で年越しそばを食べさせてもらったあと、日が落ちてからカメラマンと共に、この年最後の取材に向かった。

スキー客でにぎわうマウントレースイスキー場では、赤いたいまつを持ったスキーヤーがゲレンデを滑り降りてくる、恒例の年末イベントを取材した。初孫ができたばかりの沢野政美さん(54)方では、帰省した長男夫婦や親類が集まり、家族だんらんを楽しむ姿を取材。「夕張　希望の笑顔」と原稿にし、車の中からパソコンで札幌の支社に送信した。

日付が変わり、夕張神社では夕張太鼓の演奏が始まった。子どもたちの激しい太鼓が響く。まだ暗い参道を、参拝客が続々と上がってくる。

どんなことを祈るのだろう。

すべての仕事を終え、ホテルに戻ったのは午前3時を過ぎていた。入社してから4年。大みそか、元日はまだ休んだことがない。若手記者の宿命だ。しかし、大みそかをまさか、夕張のホテルで独り過ごすとは思いもしなかった。

今でも思い出す。ベッドにいた3時間ほど、寂しく、一睡もできなかった。

元日の朝の食事は、支局で一人食べたミカン1個だけ。忙しくて書けなかった年賀状を、支局でようやく書き終え、私の新たな1年が始まった。

報道過熱の成人祭

「成人祭をどうにかして」

夕張から元気を出そうと、市民有志が12月に開いたクリスマス市の大声コンテスト。翌年成人を迎える専門学校生、土屋美樹さん（19）の声が響いた。3週間後の成人祭では一転、土屋さんはうれし涙を流していた。

成人祭は、財政破綻した市から補助金60万円を打ち切られ、開催が危ぶまれていた。新成人となる土屋さんたちの実行委員会が使えるのは、前年度繰越金の1万円だけ。とてもじゃないが、開催はおぼつかない。

新成人たちには当初、あきらめもあった。だが、「寂しすぎる。何とか自分たちで資金を集め、質素でも式を開こう」と募金活動に立ち上がった。そんな姿に、町内会も「夕張の明日を背負う若者をみんなで祝いたい」と一緒に募金活動に参加し、18万円を集めた。

土屋さんらの活動が、夕張破綻報道を続ける新聞のほか、タレントみのもんたさんの朝のテレビワイドショーなどで取り上げられるのは早かった。夕張の成人祭の行方は、たち

パーティーの記念撮影で、感謝の気持ちを込めた横断幕を掲げる新成人たち

まち全国から注目を集めることとなった。

全国から日に日に寄せられる募金額は増え、何と236万5232円に達した。マスコミ、特にテレビの影響力の大きさには改めて驚かされるばかりだった。

「成人祭」会場となった市民会館には、全国から寄せられた新成人への応援メッセージが、所狭しと張り出された。「日本の若者も、まだまだ捨てたものじゃない」「『故郷大好き』という気持ちに感銘した」――。新成人らは、熱い思いのこもったメッセージをしみじみと眺め、成人祭実現の喜びをかみしめた。

また、道内をはじめ広島、名古屋など全国から「新成人の記念品にしてほしい」と次々と届いた段ボール箱が積み上げられた。中身は、生活用品や菓子、酒類、商品券など様々。質素から一転、例年より一段と華やかだった。

その一方で、成人祭はある種、異様とも言える雰囲気だった。参加した新成人が91人だったのに対し、報道陣はざっと70人。苦境に立ち向かう「夕張再生の灯」を求め、道内外から報道陣が集まった。こみあう式典会場は汗ばむ暑さで、テレビカメラが、土屋さんら新成人を追い回した。私もその一人だった。成人祭前も、あまりの報道過熱ぶりに、取材を断る新成人もいた。善意とはいえ、報道する側も一考を要する出来事だった。

テレビなどによる若者の持ち上げすぎを心配する人もいた。ワイドショーなどの過剰演出を批判する人もいた。しかし、マスコミ報道に浮かれることなく、喜びを口にする振り袖やスーツ姿の新成人はさわやかだった。「全国の皆さんのおかげ。ありがとうございます」「お金が無くても頑張ればできる」「やっぱり夕張が好き」。新成人たちは、集まった寄付はほとんど使わず、再建計画が終わる18年後まで少しずつ使うことにしている。

お金はなくても、市民ががんばればできる。成人祭は以後、夕張市民のそんな意気込みの象徴となった。

◇　◇

1月の成人祭で涙を流したヒロインの土屋美樹さんは、3か月半後の4月、介護福祉士として社会人の一歩を踏み出した。

土屋さんは高校時代、バイト先のコンビニエンスストアに来る客のほとんどが高齢者ということに気づいた。「夕張にはやっぱりお年寄りが多い。福祉関係なら市内に仕事があるかもしれない」と、隣町の栗山町の福祉専門学校に進学した。

「こんなことになって、一度はほかのまちが輝いて見えたけど、自分はずっと住んでいるから愛着がある」。卒業後、同級生は将来の多様な選択肢を求めて夕張を去ったが、古里から離れることはできなかった。

就職した介護施設では、30人の入所者を5、6人のスタッフで世話しなければならない。

人手不足に悩む福祉の現場を目の当たりにして「若者を確保する雇用対策」が一番の課題だと思った。同年代の仲間がいないのもさみしい。炭鉱産業で栄え、若者でにぎわった街――。お年寄りが話してくれる、かつての夕張に思いをはせる。

◇　◇

成人祭の翌2月には、財政破綻で中止になった「ゆうばり国際ファンタスティック映画祭」にかわる「ゆうばり応援映画祭」が開かれた。東京の映画関連会社が、1回限りのイベントとして無償で企画した。国内外の未公開作品9本を含む計20本が上映され、市民は無料で招待された。破格の支援だった。

この後も、夕張ではさまざまな応援イベントが続くことになる。ＧＬＡＹなどの音楽ライブ、プロレス、大相撲、歌謡ショー、花火、マラソン、ＳＬ運行、紅葉まつり…。毎週のように、全国からさまざまな人が訪れた。

この冬、私は丘の上の保育園に取材に行く際、2回も急な雪の坂道で車を脱輪してしまった。知り合いに助けを求め、やっと引き上げてもらったが、北海道で30年近く雪道を運転している支局長からは「見ていても、運転下手だもんな」と、あきれられてしまった。その支局長も、自宅から夕張に向けて乗ったバスが、雪道のカーブで前からきたワゴン車と衝突し、民家に突っ込むという恐怖も味わった。相手の車のドライバーは無免許で、何と当て逃げされ、支局にたどり着くまで4時間もかかったという。

根室通信部にいた同僚は取材の途中、エゾシカと激突して車を大破したという。エゾシカとぶつかって車をだめにしても保険は出ない。夕張にも道にエゾシカが出てくることはしょっちゅうだ。気をつけなければ。

◇　◇

夕張への支援は、新聞やテレビで全国的に夕張問題が報道された2006年秋から増え始めた。支援受け付け窓口の一つとなった市社会福祉協議会では、年明け以降、電話が鳴りっぱなしとなった。訪れると、12人の職員は物資が届くたび、手分けして仕分け作業にあたっている。通常の仕事をするひまもないという。

1月には、埼玉県のカバン製作会社社長から、市内の小学校新入生53人全員にランドセル贈呈の申し出があり、1週間後に新品が贈られてきた。2月には、長野県からリンゴやキノコなどが詰まった段ボール箱500箱とコメ30袋が届き、小中学校や福祉施設など34か所に配った。

困るのは、送り先が特定されていない物資だった。「日持ちするように」と精米されずに届いた玄米60キロは、しばらく保管されたままだった。高齢の女性から「マフラーを5本編んだので贈りたい」と申し出があったり、歌手が自分の歌を録音したCDやカセットテープを送ってきたりしたこともある。

「このままでは公平に配れない。せっかくの好意も無駄になる事態にもなりかねない」。社協は2月上旬、とうとう音を上げた。そして、物資を受け付けない方針を決めた。

市民の感情も複雑だった。「好意はうれしい。でも、ここは地震の被災地なんかではない。みんな普通に暮らし、普通に食べているのに…」

◇　◇

物資は少なくなったものの、寄付金の支援は3月に市が財政再建団体に移行した後も続いた。

菓子大手のネスレコンフェクショナリー（神戸市）は、夕張支援の菓子「ネスレキットカット夕張メロン」を販売し、売上金の一部から1000万円を市に寄付した。コンビニ大手のファミリーマート（東京都）も夕張応援キャンペーンを展開し、弁当などで北海道をテーマとした商品の売上金の一部1000万円を寄付した。夕張出身の歌手大橋純子さんやリリーズ、松山千春さんら著名人の支援も続いた。

さらに、市民会館が老朽化していると報道されれば、無償で防水工事をしてくれる企業が現れた。市立診療所の暖房費がかかると報道されれば、断熱効果の高い窓を無償で取り付けてくれる企業が現れた。

早期退職で職員が激減した市役所には、北海道銀行などから2人の行員が派遣された。あとになるが、東京都の猪瀬直樹副知事からも都職員を派遣する意向が伝えられ、2008年1月に実現した。早期退職で空いた市役所のスペースには、道内の地銀・北洋銀行が「家賃を払うことで少しでも市の再建に役に立てれば」と支店を移した。救急車が老朽化してピンチに立たされたときには、札幌市消防局が研修用の救急車を1年間の期限付きながら、無償で貸し出してくれた。

その後も、とにかく支援が続いた。財政的に厳しいのは道内のほかの自治体も同じだ。それだけに、「なぜ夕張だけ」というやっかみもあちこちから聞かれた。支局長が取材で訪れた知床半島の羅臼町では「うちが先に財政破綻すれば良かった。そうすれば色々支援してもらえたのに、二番煎じではだめだろうな」との冗談まで飛び出したという。

◇　◇

「加森、夕張観光施設を運営　きょう市公募に申請」

2007年1月31日、そんな見出しが北海道新聞（道新）朝刊に掲載された、らしい。というのも、私はそのニュースを自宅のベッドで、携帯電話へのニュース配信を通して知った。体調を崩し、自宅で療養していた。

その2日前、夕張支局に出勤したが気分が悪くなり、滞在先のホテルシューパロで休むことにした。ホテルの従業員に風邪薬をもらったが、体調はどんどん悪化。その晩、頭痛と吐き気と腹痛と、知りうる限りの痛みがすべて襲ってきた。

翌日、タクシーで岩見沢市に戻り、診療を受けた。「疲労ではないか」との診断で、点滴を打った後、自宅でひたすら眠った。会社には「4日間、動くな」と言われ、道新のスクープは滝川通信部の記者が後追いしてくれた。

3セク「石炭の歴史村観光」の倒産から2か月。市は、このときはまだ倒産していなかった3セク「夕張観光開発」の施設も含め、自前で観光施設を運営することをあきらめていた。そこで、29施設を民間に売却、もしくは委託運営してもらうことを決め、移譲先を公募していた。1月31日は、その受け付け最終日だった。

施設は、大きく分類して石炭博物館などの観光施設と、焼酎醸造工場など農産物加工施設の2種類ある。加森観光の申し出は、観光施設のほぼ全てを一括して運営。赤字に陥っていた多くの施設も存続させるため、黒字を計上しているスキー場とホテルマウントレースイを核とし、ほかの施設を組み合わせることで集客力を上げ、採算を保つという。市が飛び上がって喜ぶ内容だった。

最終的に、観光施設の運営を希望したのは、NPO法人も含め16企業・団体。うち、加森観光を含む3社が2次審査となるヒアリングに臨んだ。3社のうち2社は、17施設の一括運営を希望したが、その運営方法は異なった。京都の学生マンション管理運営会社ジェイ・エス・ビー（JSB）は「売却」、加森観光は「委託」。事実上、この2社の争いだった。

売却の場合、施設の売却代金に加え、固定資産税が市に入る。固定資産税分は地方交付税から減額される部分もあるが、利益は小さくない。現地に法人を置いた場合は法人事業税が入る。しかし、市は2002年にスキー場とホテルマウントレースイを経営する民間会社が撤退した際、地域経済の停滞を懸念した市民の要望で、2施設を購入した苦い経緯がある。市議からも「採算が取れなくなったから売却先が経営をやめる、では困る」と懸念する声が出ていた。

一方、指定管理者制度を利用する委託は、利用料金の上限を市が決めるなど、市の「目が届く」範囲で運営を任せることができるのがメリットだ。観光施設の中には、本物の坑道を保存した国内唯一の施設「石炭博物館」や、北炭の迎賓館「夕張鹿鳴館」もあり、売却すると、現状が維持されないおそれがある。しかし、市への収入面では、地元に事務所を作った場合の法人事業税以外には見込めない。果たして、夕張観光をどちらに託すのか。

選定委員会は2月13日、加森観光を選んだ。委員長の河西邦人札幌学院大教授は、終了後の記者会見で▽観光会社としての実績がある▽売却を希望した他の2社とも買収額が想定より低かった▽売却より運営の方が、市のリスクが少ない――ことなどを理由にあげた。

札幌市に本社がある加森観光は、全国でリゾート施設の再建に取り組む国内屈指の「再建企業」と言われていた。加森観光の提案は「夕張そのものをテーマパークに」だった。運営委託を申請した17施設以外の観光施設、公募対象外の美術館まで意欲を見せた。

３１５０円の入場料を支払えば全施設が見学可能な「ワンペイ方式」を取るほか、花粉症の時季に本州からの長期滞在客を受け入れたり、子どもの職業体験も行ったりするという。加森公人社長は「新千歳空港から1時間ほどと近い場所に、複数の施設が集中している。こんなに恵まれた場所で事業をしたことがない」と抱負を語った。

一方、選定委員会に対しては、当初から加森観光で決定の「出来レース」との声もささやかれた。市が抱えるリスクについて、選定委は運営委託と売却の違いを明確に示していないなどの理由だ。「道庁が何としても加森でないとだめだと言ってきた」と証言する市職員もいた。

さらに、夕張の観光事業・財政で最大の問題点とされてきたのが、情報公開の少なさだったはず。しかし、夕張の将来を託すといっても過言ではない運営先の選定であるにもかかわらず、選定委員会は非公開の密室で、たった2回話し合っただけ。市民への十分な情報提供もなかった。市民の声を聞くこともなかった。６人の選定委員の中に、市幹部の建設水道部長と産業経済部長が含まれているのも首をかしげざるを得なかった。

「夕張市役所の体質は、何ら変わっていないのではないか」。支局に帰ると、支局長が窓から暗闇に沈んでいく夕張の山並みを見ながら、ため息をついた。その後、何人もの市民が支局を訪れ、「出来レース」に憤った。

後藤市長　不出馬もう一つの理由

２００７年になってから、財政再建団体への移行手続きとともに注目されたのが、4月に予定されていた市長選への後藤健二市長の動向だった。市民の声は「財政破綻の責任を取って辞めるべき」「再建計画を策定した責任者として、引き続き夕張のために尽くすべき」と、真っ二つに分かれていた。

私も、市長だけでなく、後援会幹部などから目を離せず、連日の夜回りを強いられた。朝、目が覚めて開いた他紙の新聞で「市長退任へ」などと抜かれたら、たまらない。他紙の記者も当然、思いは同じだ。行く先々で他社とバッティングすることも多かった。

◇　◇

「(立候補を)決めかねている」。市長の後援会長・長岩勝雄さん(74)は3月1日、市長から相談を受けた。財政破綻を招いたこと、第3セクター破産に伴う従業員解雇、予想以上の市職員の退職希望…。何より、財政再建団体入りで福祉の水準を下げざるを得ず、「市民に大変な迷惑をかけた。強い責任を感じている」と。

長岩さんは「市長は心の中に重いものを抱えている。打ち解けた雰囲気の中で話したい」と4日夜、市長を自宅に招いた。昔話などで気持ちをほぐしながら、「財政再建を軌道に乗せるべき」と2時間半、説得した。しかし、市長は返事せず、下を向いたままだった。

一方で、市長は立候補に前向きと取れる発言をしたこともあった。

2006年暮れ。市長選の候補者名が少しずつ浮上するようになった。市長室を訪れた市議に、「あの人は出るでしょうかね」と数回、尋ねたこともあった。この市議は「自分が出ないなら気にしないはず。出ると思った」と、後に振り返った。

財政再建計画に総務相の同意を得るため、市長は3月6日に上京した。私は、このときが判断の大きなタイミングだと思った。総務相や、一緒に上京した高橋はるみ知事から、出馬を打診する動きがあるのではないか。なかったとしても、無事に計画を作り終えて財政再建団体に移行したことで、市長の中で気持ちの区切りがつくのではないか。

その夜、市長に電話をかけた。「私が出ないと、国や道、支援を打ち出してくれている経済界が考え方を変えるかもしれない。それが心配です」。市長の声は沈んでいた。市長は、出馬しない方に完全に傾いていると感じた。

２００6年6月20日に財政再建団体入りを表明して以来、市長はほおがこけていった。関係者によると、向き合った道職員に面前で指さされ、「あんたがこんな風にした」と怒鳴られたこともあった。計画が認められたこの日は、安心感もあり、疲労がどっと襲っているように感じた。

翌日、長岩会長は昼休みの市長室を訪ねた。「少しは考え方が柔らかくなったかと尋ねても、『うーん』と下を向いたまま。無理は言えないなと思った」

これらの情報をもとに、私は２００7年3月8日付の朝刊で「後藤市長　不出馬の意向」と特報した。市長が市議会で不出馬を正式に表明したのは、翌日の市議会だった。

不出馬表明は、市民に波紋を呼んだ。「責任逃れだ」「計画が軌道に乗る1期だけでもやってほしい」との声が上がる一方、「やる気がないなら無理は言えない」と冷めた見方もあった。

あとでわかったことだが、不出馬の理由はもう一つあった。自己破産した3セク「夕張観光開発」に、個人で５０００万円の連帯保証をしていたのだ。社長になったとき、よく知らされないまま、中田元市長から自動的に引き継がされていたという。最悪の場合、市長の自己破産もありうる。自らの金銭面からも、市長選に出馬する状況ではなかったのだ。

退任したあとの4月、後藤市長はようやく私の度重なるインタビューの依頼に応じてくれた。

◇　◇

再建団体に移行することを決意したのは——

「2006年度の予算査定や総務省に特別交付税を要望する2006年2月の時点で、私自身の中ではこういう(不正な)財政運営は続かないと思っていた。訪れた総務省でも、職員から『市長さん、夕張も厳しいでしょうけど、もっともっと厳しくなりますよ』と言われた。国の三位一体改革で地方交付税は減額の流れが決まっていた」

そのときの気持ちは——

「誰にも言ってなかったが、もう続かないと思った。06年度中に法の下での再建を決意しなければならない。そういう腹づもりだった」

財政破綻の分岐点は——

「(夕張で唯一残っていた)三菱南大夕張炭鉱が閉山した1990年。石炭で生まれ育った街が終焉《しゅうえん》した当時、きちっと行財政の実態を明らかにし、これからどんなまちづくりを進めるか、市民と一緒に議論していくべきだった。破綻から得た教訓は、情報公開に尽きる」

ここまでの苦労は――

「この1年は生涯忘れられない。（市出資の第3セクター）の歴史村観光が自己破産したときは、家に帰ったら気持ちを切り替えるため、毎晩寝酒が欠かせなかった。財政再建計画骨子の住民説明会、歴史村観光の解雇者、市立総合病院の運営問題など、同時並行でいろんなことを処理しなければならず、一番つらかった」

3月末で半数の職員が市役所を去りました――

「辞めたい職員なんていなかった。家族を含め、生活設計を狂わせてしまい申し訳ない。生涯、受け止めて生きていきたい」

最終的に引退を決意したのは――

「1月下旬。再建計画の素案を公表した後だった。いろいろ考え、一人で決めた。責任は取らなければならない。（再建の）道筋はつけたと思っている。子どもたちから市外で一緒に住もうと勧められるが、夕張に残るつもりだ。一市民として、一日でも早く再建できるように、できることをしたい」

「命をつないで!」透析患者の悲鳴

夕張市清水沢の理容師、小竹良三さん(71)は、8年前に緑内障を患った。右目はほとんど視力を失い、左目もぼやけて見える。店は数年前から妻(68)に任せ、1か月半に1度、市立総合病院にバスで通院している。

だが、45億円の負債を抱える病院は、4月から「公設民営」の市立診療所に縮小される。眼科が存続するかどうかは未定だ。

市の補助もあり、交通費は往復400円で済んでいるが、札幌の大学病院までとなると、往復5400円にもなる。店の客は1日2、3人。夫婦の年金7万円が頼りの生活では、あまりにも負担が大きい。「破綻のしわ寄せが生活に来ている。これではみんな夕張を出ていってしまうよ」

◇　　◇

市立総合病院は、市内で唯一行ってきた人工透析治療を3月17日で廃止した。1月の説明会では、患者や家族約50人から「(市は)命をつないでくれると思っていたのに」などと悲痛な声があがった。

木下美樹子さん(52)の母(82)は、人工透析を週3回受けている。脳梗塞《こうそく》で右半身の自由が利かず、送迎は家族の担当だ。

今後は、市に紹介された隣町の病院で治療を受ける。普段なら車で片道30分だが、冬は路面が凍結し、吹雪もしばしば。治療は1回3時間、送迎を考えると一日仕事だ。家族の負担は何とも重い。

市内で人工透析を受けている通院患者は26人。通院困難を訴える人は多い。

「命にかかわる。やるしかない」。市社会福祉協議会は、管理するマイクロバスで、50キロ離れた岩見沢市立総合病院へ、片道1時間かけて無料送迎することを決めた。年間180万円と試算する費用のうち、80万円は北海道共同募金会から寄付を受け、残りは住民が20年間積み立ててきた福祉基金を取り崩す。

しかし、募金会の寄付は今年だけ。基金も3年後には底をつく。その後の見通しは立っていない。送迎は19日から始める計画だが、まだ運転手も決まっていない。「見つからなければ、私がハンドルを握ります」。横川孝一会長(70)は悲壮な覚悟だ。

◇　◇

3月19日、人工透析患者のバス送迎が始まった。札幌から応援に来ている木村直子記者が、患者を乗せたバスに同乗した。

バスは午前7時ごろ社協前を出発。患者全員を乗せるため、市内巡回に1時間かかり、岩見沢の病院に着いたのは午前9時近くになった。

午後2時。3〜4時間の透析治療を終えた患者が次々とバスに乗り込み、前方の座席に深く腰をおろし、深呼吸した。病棟からバスまでの数十メートルの距離を移動するのも一苦労なのだろう。先に乗っていた患者も数人いて、待ち時間をどう減らすかも課題だ。バスは全員が治療を終えた午後2時半ごろ出発した。

渡辺寿幸さん(79)は、透析治療を6年半受けている。「夕張(市立総合病院)までは自分の車で行っていた。岩見沢へ行くのに夏はいいが、冬道が心配。1年間の緊急策だがホッとしている」。治療後に、血圧が上昇することもあるという。背もたれに頭をつけながら、ゆっくりと話した。

市内で治療を受けてきた通院患者は、近隣の病院に分散して治療する。透析患者らでつくる「夕張腎臓病友の会」代表の原晶子さん(57)は、夕張市立総合病院に勤務していた専門医がいることから岩見沢を選んだ。「岩見沢は専門医もいてしっかりしている」と話す一方、「医師不足はわかるが、市は(患者に)何も努力してくれなかった。ここに暮らすことは何だろうと思う」とさびしい表情をうかべた。

この日は、社協の職員が務めた運転手も、今後は市民が有償ボランティアで行う。1回目の送迎はその研修も兼ねていた。「ここに公衆トイレがある」「その信号を曲がるんだな」。後部座席にいた男性3人が、帰りの道を丹念に確認していた。その1人、杉田尚文さん(61)は2006年4月、退職後に千葉県から夕張に来て、老人介護のボランティアをしていた。今回は「まだ道がわからず不安だが、役に立てるのなら」と、運転手のボランティアを引き受けた。

送迎バスの利用は無料だが、ガソリン代など年間180万円の経費がかかる。どういう形で患者が負担するかは今後、社協が市や利用者と協議していく。

「負担は重いけれども、命にはかえられない」。

市職員の半分がいなくなった

3月30日、市役所で早期退職する職員ら142人(定年退職11人)に辞令が渡された。今年度中にすでに辞めた職員を含めると、退職者は152人と半分以上になる。12人の部長、11人の次長は全員が退職した。32人の課長職も、3人しか残らない。定年退職11人が含まれているとはいえ、管理職のほぼ全員が一度に辞めて行政機能は維持できるのか。

市は当初、まず83人を削減し、段階的に30人前後ずつ減らすつもりだった。ところが、42歳モデルで年収4割カット、退職金を最大4分の1まで削減する措置に、一気に2009年4月の目標に達してしまった。

大量の市職員が辞めそうだということは、12月に市職員労働組合が発表した職員アンケートですでに明らかになっていた。回答した224人のうち、85・3％にあたる191人が早期退職を検討せざるを得ないとしていた。

しかし、再建計画に縛られる市幹部には、何の手だても施しようがなかった。「残って欲しいが、職員も生活がかかっている。引き留める材料がない」

一挙にこんなに退職し、市役所はやっていけるのか。特に、問題は代わりがいない水道技術管理者など専門職だ。

49人から36人に減る消防では、うち救急救命士が6人とほぼ半減する。24時間勤務体制のため、6人では2台ある救急車は1台しか稼働できない。23人に半減する建設水道部では、水道技術管理者を最低1人置くことが水道法で定められているが、2人いる技術者とも早期退職を希望した。新たに資格を取得するには最低3年は必要で、条件に合う人はい

後藤健二市長から退職の辞令を受ける市職員たち

ない。

◇　　◇

3月30日。登坂康博さん(42)は、退職の辞令を後藤健二市長から受けた後、自席であわただしく荷物をまとめた。23年間勤めた市役所を去る。「自分が決めたこと。何を言われてもやるしかない」と、言い聞かせた。

このまま市役所にいても、給与カットで月給は33万円から23万6000円になり、年収は4割減。妻は月4、5万円のパートをしているが、教育費のかかる中学1年と小学3年の息子2人を抱えており、とても暮らしていけない。

当初は、それでも辞めずに残ろうと考えていた。財政再建計画を策定する部署にいて忙しく、将来を考える余裕がなかったからだ。だが、年が明け、将来を心配してくれる人から就職先を紹介された。夕張の隣に位置する千歳市の会社だった。

北海道東部の滝上町で生まれ、高校卒業後、骨をうずめるつもりで夕張に来た。だが、子どもの将来を考えると、決断は早い方がいい。50歳を過ぎると、再就職はもっと難しくなる。夕張を出るのは今しかない——。

登坂さんの同僚の佐藤学さん(34)は、別の選択をした。

十勝平野で育ち、大学卒業後、市役所に就職した。夕張は両親の故郷だった。

妻（35）と小学2年の長女（8）、保育園児の二女（6）の4人家族。2年半前、土地代込み2550万円で市内に一戸建てを新築し、築35年の職員住宅から引っ越した。

月給は28万円。4月から20％カットされると、月5万3000円のローン返済、税金や学資保険などの天引きで、手元に残るのは8万4000円足らず。残業手当は5000円程度で打ち切られる。妻が始めた介護のパートで得る月5～6万円が頼りだ。自宅では、家族全員が節電に努め、入浴も時々控えている。子どもたちも状況を感じ取り、わがままを言わなくなった。

それでも、市民の平均所得213万円よりは高い。佐藤さんは「『給与がまだ多い』と市民の皆さんが言うなら、もっと削られても仕方がない。責任は市にあるから」という。

市職員は3月末、ほぼ半数が退職する。長女の一番の仲良しも、4月に一家で夕張を出る。業者に委託していた庁舎内の掃除や宿・日直も、今は職員の仕事だ。それでも、佐藤さんは残ると決めた。

つらかったのは、上司や同僚らに「家を建てて失敗したな」と冗談めかして言われたことだ。その人たちは3月末で去っていった。家を建てたのは、妻の願いをかなえたかったから。娘2人が嫁いでも、時々戻れる場所をつくっておきたかったから。11年前、結婚披露宴で「夕張に根を張って頑張っていく」と宣言したから…。そうした思いを踏みにじられた気がして悔しい。

市が、財政再建団体移行を表明したのは昨年6月。翌月から財政再建課に移った。それまでは観光課にいた。観光施設を運営していた第3セクターの倒産で解雇された元従業員の多くは顔なじみだ。が、今は街ですれ違ってもかける言葉が見つからず、会釈するだけになった。

「中田前市長らは、補助金や起債で観光施設をボンボン建て、運営は3セク任せ。一般職員も現場の声に耳を貸さず、売り上げの悪さは3セクのせいにしていた。『何なんだ、この責任転嫁ぶりは』と思ったことが何度もあった」

佐藤さんは言う。「アリのように働きますよ。財政再建計画が終わるころ、娘たちは年ごろになっている。始まりがあればいつかは終わる。子どもたちに負の遺産を残したくない」

職員に退職を迫る立場の総務部長の伊吹敏昭さん(59)は、若手職員が退職の辞令交付を受ける姿を見て、悔しさで泣けてきた。

4年間使った部長席を片づけていた3月末、手帳のあるページを開いた。「(2006年)12月18日。22時。(市職員労働組合)厚谷委員長より電話。理事者側に再考の意志なく、妥結できない」。月給3割カットなどの人件費削減案を、組合側は受け入れなかった。その返事だった。「このころが一番つらかったな」

厚さ7センチの引き継ぎ書は、初めて管理職になる9歳年下の新総務課長にわたした。「残る職員は大変だ」と思うと気が重い。退職後、ボランティアで、手が回らなくなる行政業務を手伝えないか。夕張に残り、考えようと思っている。

第二章　破綻の構図

動物館建設の起債を道は断った。

それでも中田元市長は怒り、押し切った。

「おれが憲法だ」

破綻は閉山処理から始まった

夕張の構造を考えるうえで、炭鉱の歴史を忘れてはならない。財政破綻の遠因となっているからだ。

夕張市は１８８８年（明治21年）、北海道庁の坂市太郎氏が、シホロカベツ川上流に石炭の露頭を発見したことで始まる。2年後には最初の炭鉱が開発され、以来、次々と炭鉱が生まれた。97年（明治30年）には隣の由仁村戸長役場から、登川村戸長役場として独立。それから40年余たった１９４０年（昭和15年）、夕張市となった。

この歴史の中で、夕張には大小24の炭鉱が開発された。炭鉱ができた場所には新たな町（炭住街）が形成され、夕張は「24の炭鉱に24の町ができた」と言われる。

炭鉱のピークは１９６０年。現在の10倍の11万６９０８人の人口を抱えるなど発展したが、安い海外炭との競争、さらに国のエネルギー政策の転換で、戦後復興を支えてきた炭鉱は、60年代後半以降バタバタと閉山していく。

中でも、93人の犠牲者を出した北炭夕張新鉱の閉山で、市は大打撃を被った。この事故を機に、北炭は会社更生法の適用を受けたからだ。北炭は、市の債権14億3１3万円のうち、わずか1億5７8１万円しか支払わなかった。

市は、借金を踏み倒されただけでなく、26億円で北炭保有の土地を購入した。北炭が支払いきれなかった労務債の一部33億5０００万円を補てんするためだった。

これには、思惑があった。閉山で職を失った炭鉱労働者が、大量に市外に流出することを食い止めようと考えたのだ。26億円自体は、「市にとって損害ではない」(元市職員)という。

それよりも市は、土地の付属物、つまり、炭鉱住宅、水道整備、公衆浴場、学校など、それまで炭鉱会社が負担してきたすべての社会インフラ(基盤)を整え、少しでも労働者や家族に踏みとどまってもらおうとしたのが、財政に負担をかけることになった。当時は特産の夕張メロンの栽培に力を入れており、人口流出が進めば農家の担い手がいなくなってしまうことも危惧した。

市の投資は、橋の架け替えや道路の整備など社会資本全般に及び、炭鉱労働者の雇用を確保するため、観光施設も建設した。

閉山後処理の総額は、５８０億５０００万円(１９７９~９４年度・3割の１８５億3０００万円は国や道の支出金)。観光施設への投資だけでなく、閉山後に莫大《ばくだい》な費用をかけて街を作り直したことが、財政破綻の遠因となった。

◇　◇

閉山で完全に地区が消滅したのは、シューパロダム建設に伴って地区全体が１９９８年までに完全移転した大夕張（鹿島）地区しかない。このため、市内には今も、南北35キロに及ぶ幹線沿いの山間にぽつんぽつんと老朽化した住宅が点在するように残っている。

このことは、市にとって大きな重荷だ。集落が点在しているため、行政サービスを効率化できない。ゴミ収集や除雪、水道管補修などの住民サービス、公共施設や学校の配置、バス路線など、人が住んでいる限り手広く整備する必要が出てくる。

南北に細長い夕張は、大きく分けると北から本町・若菜地区（人口約４０００）、清水沢・南部地区（人口約５４００）、沼ノ沢・紅葉沢地区（人口約３１００）と３地区がある。しかし、本町・若菜地区に市役所、市民会館、図書館、美術館などの中核施設を集中させた構造が、中南部の住民に不便を強いることになった。

これは、中田鉄治元市長が自らも豪邸を構えていた北部の本町地区の開発整備に重点を置いたためだ。市の観光産業を担うテーマパーク「石炭の歴史村」やホテルも本町地区にある。

中南部の市民の３分の２以上は、市の主要な施設から離れた地区に暮らす。中南部の住

中田元市長が重点的に開発整備した本町地区（右端が市役所）

民はマイカーで行く以外、片道500円以上のバス代をかけて行かなければならない。

今でも、清水沢・南部地区や沼ノ沢のメロン農家などの間では「市は本町ばかり金をかけて、中南部は相手にしてなかった」（スナック経営・71歳）との意識は強い。ある自営業者（58歳）も憤った。「紅葉山地区は、市に見放されたような地域。立派なアパートも本町に建てる。トイレの水洗化も、本町からやってここは後回し」

夏祭り、花火大会、ゆうばり国際ファンタスティック映画祭など、全市的なイベントも本町地区で行われてきた。本町地区以外の市民に聞くと「関心がない」「行ったことはない」と話す人が驚くほど多い。

◇　◇

夕張の炭鉱は、最終的に北炭（三井）系と三菱系の2つに集約されたが、両社の社風の違いから来る市民意識の違いにも注目すべきだ。

北炭は市内全域に炭鉱を持っていたが、三菱はJR清水沢駅からシューパロ湖方面に向かう山あいの大夕張・南部地域で、大夕張炭鉱、南大夕張炭鉱を開発した。独自の鉄道である大夕張鉄道を走らせ、最盛期には夕張岳の麓に2万人が暮らし、町は不夜城のように輝いていたという。

今でこそ同じ夕張市だが、大夕張・南部地域とそれ以外では、異なる企業の城下町として別々の文化をはぐくんだのだ。三菱の人たちが、市役所がある本町地区へ行き来することはほとんどなく、行ったとしても、同じ夕張市内にありながら「『夕張』に行ってくる」と表現した。利用する飲食店も、北炭は本町の「梅ヶ枝通り」、三菱は大夕張か清水沢だった。両者の元炭坑マンに聞くと、「北炭と三菱が同じ店で飲むことはなかったな」と振り返る。

何十人も亡くなる炭鉱事故が発生しても、系列が違えば救助に向かうことはなかった。坑内で使う用具の呼び方も違い、祭りも野球大会も別々だった。飲む水道水は炭鉱会社が独自に整備しており、味も違った。水道管は閉山後、市が受け継いだが、配管の規格から機械まで両者は違い、これも現在、市の水道行政の非効率化につながっている。

両社の社風として、元炭鉱マンなどの間で語り継がれるのが「組織の三菱、和の北炭」だ。「北炭の方がルーズ、三菱は厳しい」「三菱は『三菱商人』。1円に対しても厳しく、『ケチびし』と言われた。北炭はどんぶり勘定だった」という。

撤退の仕方も違った。北炭が倒産して借金を踏み倒して出て行ったのに対し、三菱は計画的な撤退だった。三菱は、閉山にあたり、希望者全員の雇用先を確保しただけでなく、市に10億円を寄付した。

カリスマ市長の暴走観光行政

「バリバリ、ゆうばり」――。こんなキャッチフレーズのテレビコマーシャルが流れた。夕張市にテーマパーク「石炭の歴史村」が全面オープンしたのは1983年。相次ぐ閉山に沈む夕張が、「観光のまち」を高らかに宣言したのだ。

市は、これを機に次々と観光施設を建設した。大型遊園地「アドベンチャーファミリー」、サイクリングターミナル「黄色いリボン」、めろん城、ホテルシューパロ、ロボット科学館…。

陣頭指揮をとったのが、「炭鉱から観光へ」のスローガンを掲げ、2003年春まで6期24年務めた中田鉄治元市長だ。市役所を「夕張株式会社」と呼び、「全職員が宣伝マン」と鼓舞した。

強烈な個性でアイデアをどんどん出す元市長の姿に、市職員は「頼もしい」「この市長なら大丈夫だ」と思った。夕張はちょうど閉山が相次ぎ、市民や市職員も街の将来に不安を感じていた。

市役所会議室に飾られている中田元市長の肖像画

本物の坑道をそのままの形で見せる石炭博物館は、画期的なアイデアで、全国の自治体関係者の視察も相次いだ。そんな観光の取り組みが評価され、１９９０年には「活力あるまちづくり優良地方公共団体」として自治大臣表彰も受ける。夕張は、観光の街としてすっかり再生したかに見えた。

だが、夕張を一大観光都市とする元市長の壮大な計画は、最初からボタンを掛け違えていたのではないか。

◇　　◇

93人の犠牲者を出した夕張で戦後最悪の炭鉱事故、北炭夕張新鉱ガス爆発事故から半年余りが過ぎていた。１９８２年初夏、無精ひげを伸ばし、白髪交じりの長髪を後ろに束ねた男が、街に現れた。

「放浪の芸術家です」

老けて見えた男は、札幌からのバスに乗り合わせた道議会議員にそう自己紹介し、意気投合した——。

観光を再生の起爆剤にした中田元市長は、初当選翌年の１９８０年から観光施設をオープンさせた。初年度には55万人の観光客が訪れ、「アイデア市長」と評判になりつつあった。

「街の力になってくれる」。市の観光担当職員は、元市長を支援する道議の仲介を断り切れず、元市長に男を引き合わせた。

元市長と男は息が合った。「45歳」と話す男は、職員から「先生」と呼ばれるようになり、観光会社を起こし、怪しげなもうけ話の企画を次々にぶち上げた。小さいテーマパークを作る「ホギホギ村」計画のほか、北国の夕張でラクダを飼ったこともあった。

しかし、男の計画はほどなくほころびが表れる。ホギホギ村は実現せず、建物の残骸だけが今も残り、ラクダは冬を越せずに死んだ。それでも、元市長は男の新たな提案を受け入れた。「時価2億5000万円はする、1089点に上る世界中の動物のはく製を持っている。見所を増やせば、観光客をさらに呼べる」

市は、671点のはく製を5000万円で購入し、動物館を建てた。しかし、一部が借金の担保になっていることがわかり、解除するため、市側はさらに5000万円の支出を強いられた。

元市長に男を取り次いだ職員はその後、男の個人的な借金の保証人となり、90万円を肩代わりした。民間の展示施設の建設計画では、「市長がバックにいる」と言われて出資した住民が、破産に追い込まれた。

男は、夕張にいた1年足らずの間に、「街の再生」を願う住民の心につけ込み、街を手玉に取った。

市がだまされていることに気付いたのは、はく製の鑑定依頼先が、実は男の個人団体だったことが判明したためだ。当時、実際は30代後半だった。男は姿を消した。10年後、男は四国地方で起こした詐欺事件で有罪判決を受けた。はく製の価値は今も分からない。

市が動物館建設のために費やした総額は4億7000万円。道に起債を申請した市職員は、「自治体の仕事じゃない」と言われた。それでも元市長は「できないことを実現するのが仕事だ」と怒り、「おれが憲法だ」と押し切った。

「夕張は国のせいでこうなった。国からいくら借金してもいい」と豪語する元市長にとって、取るに足らない支出だったに違いない。

◇　◇

その後も、動物館などの教訓は生かされなかった。中田元市長は拡大路線を走り続け、任期を重ねるごとに、観光施設が増えていった。

観光客数は1991年、ピークの230万5000人を記録した。しかし、内情は厳しかったとの指摘がある。ある元市職員は「観光客数も、1人が3施設を回れば3人、5つ回れば5人とカウントされる。実際は発表数より少なかった」と話す。

観光は、バブル崩壊と道内景気の低迷の影響も受けた。観客数は、2001年から減少傾向となり、市の発表を信じるとしても05年は146万8000人とピークに比べ83万7

000人も減った。

だが、元市長は、観光客の減少を、新たな施設を建てることでまた呼び寄せる、という戦略を取り、どんどん深みにはまった。

夕張の観光でもうけた業者もいる。中田元市長のアイデアと言われる多くは、コンサルタント業者など外部から持ち込まれたものだ。

「この補助金を使えば市の持ち出しは少なくてすみますよ」。コンサルタント業者は、元市長に甘い言葉をささやき、閉山で瀕死の夕張市にたかった。建設工事にあたったのは、地元の業者だ。実際は、建設費を補助金である程度まかなえても、その後の維持管理費がかさんでいった。

市の借金は確実に膨らんでいったが、元市長は「観光客が来てもうかれば返せる」と言い放った。元市長に直言できる者はもはや誰もいなくなった。

◇　◇

24年にわたり、市長の座に着いた中田元市長とは、どんな人物だったのか。

1926年に秋田県で生まれ、土建業を営んでいた両親とともに、幼いころに夕張に移り住んだ。

小学校高等科、青年学校を卒業した後、父の仕事が失敗したこともあり、旧・北海道拓殖銀行夕張支店の書記などを経て、1945年に夕張市役所に入った。若くして頭角を現し、45歳で助役に就任。吉田久元市長の下で、2期務めた。

助役としても力を発揮し、徐々に権力を握るようになる。ある日、公費を私的に使おうとした中田氏は、吉田氏にとがめられたことがあった。すると、中田氏は「てめえ、この野郎」と、廊下まで聞こえるどなり声を上げて食ってかかっていったという。

市長になった中田氏は、閉山後に北炭から買った土地を自在に使い、観光の街への転換を図る。実現しそうにもない大きな話を意気揚々と展開する姿に、「ほら吹きの中田」と言われた。

だが、閉山に沈む夕張市民にとっては、中田市長は夢を実現してくれると映った。ある元職員はすべての炭鉱が閉山した1990年、「中田市長の観光路線に付いていけば大丈夫だと思った」と振り返る。

観光客を呼び込むため、閉山の暗いイメージを思わせる炭鉱住宅を次々と解体した。また、飛び込みで宿泊客を確保するなどの「ローラー作戦」と称する営業戦略を取り、市職員に市内の宿泊客確保のノルマを与えた。

市長自らも、「金作りは首長の仕事」と北海道庁を飛び越えて直接、中央官庁に乗り込んだ。「国が炭鉱をつぶしたんだから、面倒を見て当然だ」が持論で、元市職員は「道なんて相手にしてなかった。何でも国に直接言っていた」と振り返る。そんな市長を、道庁職員も恐れた。

政治家の力もフルに使った。北海道が地盤の元衆院議員中沢健次氏は、市役所の元同僚。中沢氏は、産炭地域振興臨時措置法に基づく国の支援に伴い、現在の経済産業省に掛けあい、手切れ金的な意味合いを持つ「空知産炭地域総合発展基金」を発足させたと言われる。中田、中沢の「中中」コンビは強力だった。

市長の影響で、市職員も上級官庁とやり合う方法を覚えた。ある観光部門の元職員は若いころ、上司である課長と共に道に起債申請に行ったときのことをよく覚えている。起債の認定を渋る道職員に、その課長は「それなら石川（十四夫）道議に言うぞ」と怒鳴りちらしたという。石川道議は、夕張を含む地域を地盤とした。

この職員は言う。「いつも、夕張はそうだった。認められないと怒って開き直る。じゃあ、どうしたらいいのか、と。結局、あの手この手を使って補助金をもらっていた」

中田市長が市職員を統括する手法は「懐柔とどう喝」だった。

市幹部は、毎週日曜が憂うつでたまらなかった。翌日の朝一で幹部会議があるからだ。会議では、市長が一人で持論を演説するかと思えば、突然幹部を指名し、意見を求めた。

批判でもしようものなら、どなり声を上げられた。職員たちは、じっと黙って下を向いているしかなかった。

ある秘書係長は、中田市長にどなりつけられるたびに、辞表を胸にしのばせて市長室に入った。意見する部下には「いつまでも部長でいられると思うな」と脅し、市長の足元をぐらつかせる職員はつぶしていった。

中田市長は6期中、助役はすべて1期ごとに入れ替えている。自身が下克上をしただけに、不安だったのだろうか。

一方で、絶妙なバランスで人事面の厚遇を与えて期待を持たせ、時に公費で宴会を開き、職員をもてなした。詐欺にあった市議には、金銭的な支援をして忠誠を誓わせ、議会対策を万全にしたという。

市長は、映画祭などのイベントをプロデュースする人材として、あるコンサルタント会社から社員を引き抜いたことがあった。市長を「殿」と呼んで慕う社員に「地域開発参事」の肩書を与え、嘱託職員として4年2か月にわたり月給20万円を支払い続けた。職員にイベント業を学ばせようと、職員を大阪の吉本興業に長期派遣したこともある。

目立つことも好きだった。１９８７年には、元市長が作詞したレコード「めろん酒」を発売した。市長自らが歌い、レコーディングのために市職員が札幌まで同行した。歌に合わせた踊りもあった。テレビドラマ「西部警察」に外科医役として出演もした。

中田市政の24年を、ある市職員は「最初の3期は満点。あとの3期は暴走だった」と言う。4期目以降は、必要とは思えない施設を作るなど、自分の趣味と混同していた。

中田元市長が2003年4月に後藤健二前市長に市政を譲った後、3セクの役員にさせろと無理を言ったというが、経営に危機感を感じた周辺がやめさせた。寂しかったのだろうか、それとも、3セクの赤字補てん発覚を恐れたのか。

それからわずか5か月後、この世を去った。

夕張市役所正面の一角に、中田元市長の7000万円と言われる豪邸が建つ。ピアノルームのある、ぜいたくな造りだという。2007年冬、かつての秘書が約1500万円で購入した。

◇　◇

中田市政のうち、最後の4年間は暴走気味だった。以下に記した主な投資先をみても、財政状況の極めて厳しい自治体とは思えない。

1999年7月　ローラーリュージュ（車付きのそりのような乗り物で下り坂を駆け降りる遊具）

2000年4月　ゆうばり化石のいろいろ展示館
2001年7月　郷愁の丘ミュージアム・生活歴史館
2002年2月　丁未パークゴルフ場
　　　10月　マウントレースイスキー場、ホテルを買収
2003年2月　郷愁の丘ミュージアム・センターハウス
　　　　　　郷愁の丘ミュージアム・シネマのバラード

中でも「郷愁の丘ミュージアム」としてひとくくりにされた3施設は、建設費に12億5100万円をかけている。一つ一つ中身を点検してみると、本当に必要だったのか、大いに疑問が残る。

「郷愁の丘ミュージアム・生活歴史館」は、夕張を主な地盤とした元道議・石川十四夫氏（故人）の記念館と言われる。展示場や消防館、消防別館、渡り廊下など複数の施設（延べ床面積578平方メートル）が一体となった建物で、経済産業省などの補助金を活用し、2億6300万円かけて建てた。

「石川記念館」のゆえんは、石川道議が趣味で集め、市に寄贈した骨董《こっとう》品を展示するために建てられたと言われているからだ。

展示物は多彩だ。時計50点、はにわ・石器500点、カメラ・電気蓄音機50点、化石・鉱石・貝300点、武具50点、はく製・標本500点、おもちゃ2000点、古銭2万5000点、盆栽150点、馬具・農具300点……

このほか、映画のロケで使った消防車7台、パトカーなども展示された。

こうした展示に、市は次のように意義付けした。「夕張は『炭都』と称され、最盛期には大小24山の炭鉱《ヤマ》があり約12万人の人々が暮らし、明治・大正・昭和と炭鉱で日本経済を支えてきた時代がありました。その古き良き時代に想いを寄せ、むかしを偲ぶ」

生活歴史館の前に建てられたのが、「郷愁の丘ミュージアム・センターハウス」。鉄骨平屋建て538平方メートルで、入り口を入ると、大きなスペースが広がる。国土交通省などの補助金を活用し、3億3300万円で建設した。

「先人たちの文化遺産を伝えるだけでなく、今を生きる人々に元気印の源を見せるとともに、日本の原風景を感じてもらい、新たな活力を生み出す丘として機能することを目的とする」。この施設の目的を、市はこう説明した。

これを読んだだけでは、何が展示されているのか分からない。実際には、写真展を開いたり、骨董品が少し展示してあったりする程度だった。

「郷愁の丘ミュージアム・シネマのバラード」は、鉄骨平屋建て1416平方メートル。

経済産業省などの補助金を活用して、6億5500万円をかけて建設された。

「シネマのバラード」の名前からは、何の施設かは想像しにくい。市が説明するこの施設の目的はこうだ。「映画と商業を結びつける施設として、郷愁の丘ミュージアムに映画の変遷を後世に伝えるポスター、スチールなどの展示および映画関連グッズを販売する商業複合施設を整備し、映画祭のマチとして相応しい環境整備をして、通年での集客を図り中心市街地の活性化に寄与する」

要は、映画関連のグッズを販売する場所にするという。だが、2月に開かれる「ゆうばり国際ファンタスティック映画祭」の期間中5日間を除けば、映画ファンが常に訪れる場所にはならなかった。

この3施設で注目すべきは、国の補助金が活用されている点だ。補助金を活用すれば、建設段階で市の持ち出しは減る。だが、将来にわたって維持管理に莫大な費用がかかる。北海道の場合、冬も開館しようと思えば、除雪もしなければならない。中田元市長は、後世の負担をどう考えていたのだろうか。

市は、財政再建団体になってから、石川コレクションをネットオークションで売り始めている。全国から申し込みがあり、第一弾では900万円以上を売り上げた。破綻の一因になった物が、わずかとはいえ財政再建に寄与するという結果になった。

◇　◇

中田元市長は2003年4月に市長を退くぎりぎりまで、観光事業に投資を続けた。そして、負の遺産はそのまま後藤健二・前市長に引き継がれた。

特に物議を醸したのは、映画ポスターの購入だ。第3セクター「石炭の歴史村観光」が、ホテルマウントレースイやシネマのバラード内で展示・販売する目的で、映画「風と共に去りぬ」のポスター14種類11万枚を5000万円一括で購入した。

売買契約を結んだのは、市長退任直前の2003年3月。ゆうばり国際ファンタスティック映画祭を毎年開いていたこともあり、「全国の映画ファンの間で評判になり、多くの観光客が訪れる」というのが、元市長の狙いだった。「3年で売り切る」と豪語し、ホテルマウントレースイと、レースイの湯を結ぶ渡り廊下に展示した。

だがその直前、3セクが郷愁の丘ミュージアムまで観光客を送迎するボンネットバス3台を5300万円で購入していることもあり、黙ってきた議会もようやく反発した。元市長退任後の2003年5月27日の市議会建設経済常任委員会での質疑だ。

「金はどこが出しているのか。市が3セクに運営を任せているのだから、市でしょう。会社の名前を使えば、何をやってもいいのか」

「市は筆頭株主でしょう。ちゃんと実態を調べてくださいよ」

「3年で売り切るなら、1日何枚売るんだ。誰が考えたっておかしい」

これに対し、市側は「市の補助金とかの金を見込んでいるのではなく、あくまでも会社の通常の営業。『風と共に去りぬ』のポスターは大流行して、販売は間違いない」と言い張った。

ポスターは6月に納品され、7月に代金を一括で支払った。6月19日に3セクの社長に就任した後藤前市長が、契約破棄を検討したものの、契約自体に問題はなく、無理だったという。

ただ、市長退任後も3セクの幹部に居座りたいと言い出した中田元市長の野望だけは、何とか阻止した。もう、暴走を許すわけにはいかなかった。

ポスターは、1年目に1300枚が売れた程度で、ほとんど売れ残ったままだ。そして、第3セクターは自己破産した。

中田元市長の6期24年を振り返れば、最初の石炭博物館から2005年度末までの観光関連整備事業は47、事業費総額は176億2000万円にのぼる。うち38事業は「石炭博物館」「SL館」「炭鉱生活館」「めろん城」などハコモノが中心だった。

市の元幹部職員は、元市長のワンマンぶりをこう話す。「思い立ったら止まらず、やら

夕張市の観光路線のシンボルだった「石炭の歴史村」。雪に覆われ、人の姿も見えない
（2007年3月）

なきゃクビとまで言う人。従うしかなかった」。そして「夕張はどん詰まりの山あい。交通も不便で企業誘致も思うように進まず、観光以外に手だてがなかったのも現実」と、自ちょう気味に話した。

◇　◇

観光事業の運営にあたり、中田元市長は、当時ハシリだった第3セクターを活用した。元市長がいずれも社長を務める「石炭の歴史村観光」と「夕張観光開発」だ。

問題は、経営状態が見えなかったことだ。3セク2社の経営は厳しかったが、元市長は「民間会社だ」として、財務を明らかにしなかった。実態は、3セクの赤字を市の観光事業会計が補てんする形を取っており、市の負債は膨らんだ。

夕張市の財政破綻に伴い、石炭の歴史村観光は2006年11月、破産手続き開始決定を受けた。

破産管財人の大川哲也弁護士(札幌市)は「巨額すぎる初期投資負担や、テーマパーク構想の根本的な失敗などが破産の大きな原因」と話す。

同社は過去5年間を見ても、毎期経常利益、税引き後利益を上げていた。大川弁護士によると、利益を計上できていたのは、施設などの減価償却をしていなかったためだ。本来であればしなければならない毎期3億数千万円程度の償却を怠っていた。このため、少なくとも資産の減価分計30億円が簿価のまま記載される「粉飾決算」状態となり、経営の悪化が表に出ない状態だった。

破産開始決定時の貸借対照表では、資産総額70億円に対し、負債は77億円。債務超過は7億円とされた。だが、減価償却を計上すると債務超過は40億円を超えていた。

一方、石炭の歴史村観光のずさんな運営も明らかになった。製造した酒類の在庫10万本のうち、4万本が保管期間が長すぎたためか「腐った」ような状態で売却できなかった。

破産管財人の大川弁護士によると、残る6万本のうち、4万8000本は975万円で売却。酒税を差し引いた570万円が、破産財団の収入となった。メロンゼリーなどの菓子はほぼすべてを700万円で売却した。酒類、飲料、ゼリーや菓子の在庫商品の評価額は、簿価計10億円に対してわずか1700万円にすぎなかった。

赤字隠しの鍵「一時借入金」

なぜ夕張市が、標準財政規模をはるかに超える借金を抱えながら、これまで明らかにならなかったのか。それは、地方自治法の抜け穴をついた巧みな財政処理で、水面下で借金が膨らんでいたからだ。

赤字隠しの謎を解く鍵は、「一時借入金」にある。

一時借入金は、市税や交付税などが入る時期と資金需要が発生する時期がずれ、一時的に資金不足になる時に活用する。複数年にわたり返済する地方債と異なり、年度内に返済しなくてはならない。こうした理由から、財源にすることはできない。

夕張市は一時借入金を財源として使い、資金不足を補っていた。一時借入金は、年度内に返済することが前提のため、決算表に出てこない。だから、借金は表に出ない。夕張市はここを突いたのだ。

では、一時借入金をどのように使ったのか。

ここでもう一つのポイントがある。ある年度の会計を締めた後も、その年度に処理したとみなされる猶予期間「出納整理期間（4～5月）」だ。市は、この2か月間だけは、2つの年度が重なっていることに目を付けた。

出納整理期間に、たとえば今年度の普通会計から、1億円の資金不足が生じている前年度のある特別会計（観光事業会計など）を補う。こうすれば、前年度の1億円の資金不足は無かったことになる。

特別会計を補ったことで今年度の普通会計に生じた1億円は、翌年度の出納整理期間に

◆**夕張市の主な資金の流れ**（市の報告による）

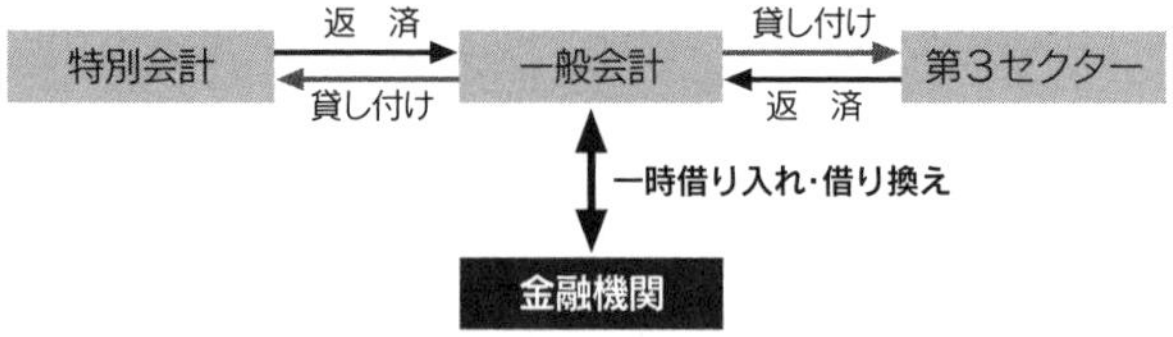

◆**夕張市の財務処理の手法イメージ図**

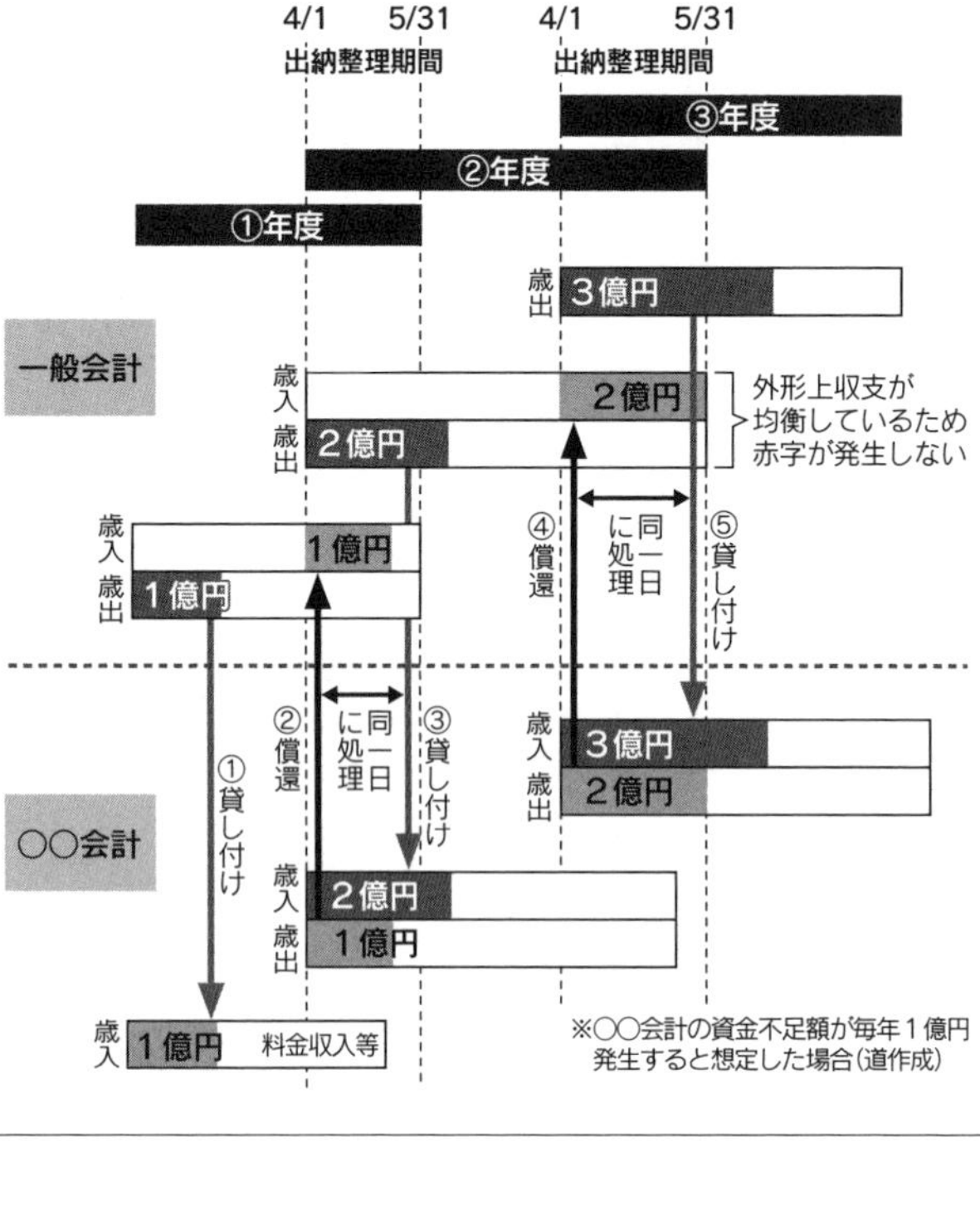

※○○会計の資金不足額が毎年1億円発生すると想定した場合（道作成）

補えばよく、表面上、各年度とも借金が出ていないことになる。

だが、翌年度に発生する資金不足は普通会計の1億円と、もともと資金不足が生じている特別会計の1億円の計2億円に増える。つまり、永遠に各会計の資金不足を補い合い続けなければならず、借金は雪だるま式に増えるのだ。

こうした会計間処理の財源となっていたのが、一時借入金。市役所ではこの手法を「ジャンプ」と呼んだ。年度間をジャンプさせて資金不足を補うからだ。一時借入金の乱用は違法ではないにしろ、借金が増え続けることから禁じ手だ。

◇　◇

一時借入金の存在は表に出ないとはいえ、決算上で見つける手法はなかったのか。あるとすれば、普通会計の決算の歳入項目に記された「諸収入」だ。つまり、出納整理期間に特別会計から普通会計を穴埋めしたことが、収入として記される。決算上は「観光事業会計貸付金返還金」などと表され、細目は分からない。

市で一般会計の歳入に占める諸収入の割合は年々増加した。２００４年度は51・5％と、全国の市町村平均の10倍近くに上る。金額も99億７０００万円で１９９５年度に比べ、５倍に増えた。

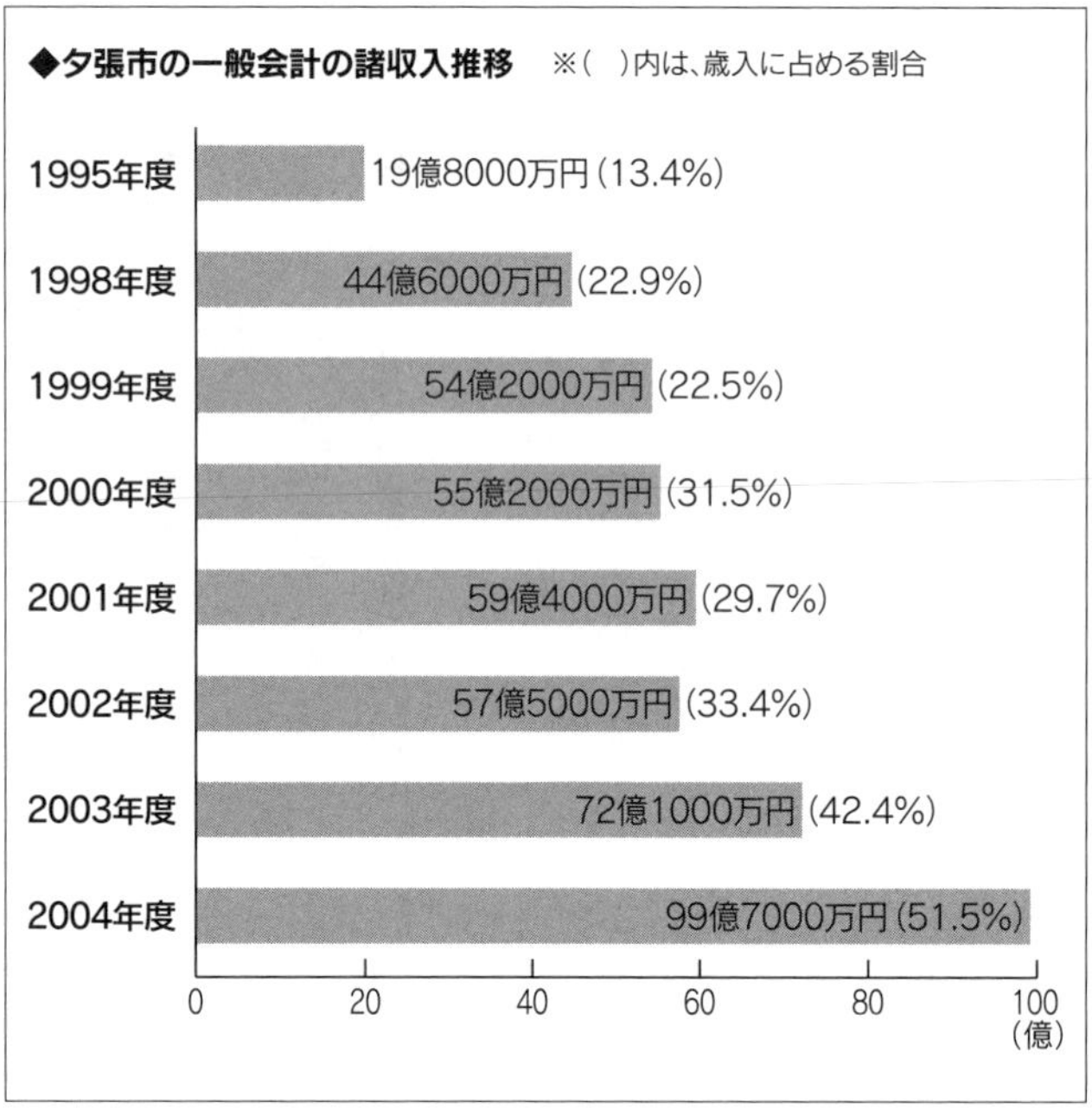
◆夕張市の一般会計の諸収入推移
※(　)内は、歳入に占める割合
1995年度
19億8000万円(13.4%)
1998年度
44億6000万円(22.9%)
1999年度
54億2000万円(22.5%)
2000年度
55億2000万円(31.5%)
2001年度
59億4000万円(29.7%)
2002年度
57億5000万円(33.4%)
2003年度
72億1000万円(42.4%)
2004年度
99億7000万円(51.5%)
0
20
40
60
80
100
(億)

財政破綻発覚後に道が調査した結果、違法会計というさらに深刻な事態が明らかになった。

借金の穴埋めをするための一時借入金の借り入れ時期が、一部の会計で、地方自治法で定められた出納整理期間（4～5月）以降の6月にずれ込んでいたのだ。一時借入金の借り入れ額が、2006年3月時点で300億円近くの多額に上り、期間内に適正に処理する限界を超えていたからだ。

具体的には、2005年10月31日、一般会計から病院事業会計に10億円を貸し付けた。病院会計からの償還は本来、出納整理期間の2006年5月末までが期限だが、実際には同年6月12日付で処理されていた。

病院会計の違法な会計処理は、書類の残る2001年度から5年間連続しており、他の会計でも同様の処理があった。

違法会計の発覚で、事態は大きく動く。本来、2007年度だった財政再建団体の申請時期を2006年度に早めることになったのだ。というのも、2005年度会計の違法状態を適正化すると、黒字だった決算（決算見込みで245万円の黒字）が9億円の赤字となり、財政再建団体の転落ラインを超える赤字水準に達していたからだ。

一時借入金を除いて2005年度の普通決算を精査した結果、すでに財政再建団体の転落ラインを超える赤字水準に達していた。

◇　◇

なぜ、違法な会計処理を行ったのか。

元市幹部は説明する。

「出納閉鎖の5月31日まで歳入確保に努めたが、収支不足は解消せず、最終的に6月に入って一時借入金をあてた。当初から10億円の歳入不足を見込んだうえで予算編成していた」

市のモラルハザードが露呈したわけだが、別の市関係者の言葉に驚いた。「資金調達には相手がある。相手の都合で、出納整理期間の5月31日までにやりくりできないことだってある。たまたま6月に過ぎただけで財政再建団体になるのか」

仮にこうした甘えが許されるなら、地方財政の秩序は保たれない。中田鉄治元市長の進める観光事業への投資に対応するため、財政当局が無理な財政処理に迫られていた状況を差し引いても、市幹部の責任は重い。

◇　◇

市は、なぜ一時借入金による赤字隠しを行ったのか。

そこには、1人の職員の存在がある。この担当職員は、若いころから一貫して財政畑を歩んだ。ある元道職員は、この職員の印象をこう語る。

「冷静沈着で一生懸命に働き、中田市長に忠誠を誓っていた。観光施設なんてやめろと言ったけど、『やめられない。中田市長が辞めたら、おれも辞めなければいけない』と言っていた」

この職員は、財政部長を経て退職後、監査委員としてチェックする立場になった。しかし、監査するどころか、財政部の職員と一緒になって資金調達に走り回っていたという。

この職員は、財政破綻が発覚する直前に監査委員を辞め、札幌に移り住んだ。財政再建計画を策定する際も、一部の市職員がこの職員に連絡を取り、アドバイスを受けていたという。あまりにも大きな力を持ちすぎた。

もう一人、財政面で大きな影響力を持った財政部の職員は、後藤健二市長の助役を務めた。事務能力に極めてたけており、周辺自治体の財政担当が教えを請うていたという。助役に指南を受けたある自治体の幹部は「夕張の財政担当者は、財政が悪くても施設の建設費を捻出《ねんしゅつ》してくる、優秀な銀行員のようだった」と振り返った。

◇　◇

夕張市の資金調達法は「ジャンプ」のほかにもあった。

地方財政法で定められた道知事の許可を得ない「ヤミ起債」だ。第3セクターや公社に支払いを肩代わりさせ、市が長期の債務負担行為として返済していた。つまり、公社など

ホテルマウントレースイとスキー場

を「トンネル」に資金調達することで過度の投資を可能にし、借金を膨らませていた。

地方財政法は、市町村が地方債を発行する際、知事の許可を得なければならないと定めている。許可を得ない地方債を「ヤミ起債」と呼ぶ。

財政力からみて容認しがたい起債につき、実質、地方債と変わらない債務負担行為をする自治体があることから、自治省（当時）は１９７２年、建物などの購入のため財源調達の手段として、債務を負担し、長期にわたり返済する行為は「制度の趣旨に照らして適当とは認められないもので、慎むべき」との財政局長通知を出した。改めない自治体には、実情に応じ起債制限措置が取られる。

具体的には、市は２つのホテル購入にこの手法を取った。

１９９６年９月、不動産会社と売買契約を結び、ゆうばりホテルシューパロを20億９０００万円で購入する際、市の第３セクター、夕張観光開発に一括で立て替えさせた。市は債務負担行為として、翌年から20年分割で夕張観光開発に返済する形を取った。

ホテルマウントレースイとスキー場の購入には、市土地開発公社を使って同様の手法が取られた。市が２００２年10月、不動産会社から26億円で購入し、支払いは公社が金融機関から借り入れ、一括で立て替えた。市は20年の長期計画の債務負担行為として公社に返済していた。残高は14億円にのぼる。

市が自らの所有物の購入にかかった借金を、長期で返済する形になっており、「ヤミ起債に類似する行為で、適正な財政運営上、大いに疑問が残る」（道幹部）という。

3セクや公社をトンネルさせる手法を取れば、財政悪化を表す一つの指標・公債費負担比率を上げることなく、厳しい財政状況を表面化させずに資金調達が可能だった。

「ヤミ起債」は、炭鉱閉山後の地域振興を支援する目的で設立された「空知産炭地域総合発展基金」を使った手法もあった。これには、夕張だけでなく、北海道空知地方の旧産炭地域の5市町も加わっていた。5市1町の総額は71億4500万円に上っていた。

問題だったのは、ヤミ起債の実態を、道や基金を管理する「北海道産炭地域振興センター」が認識していたことだ。

ヤミ起債を始めたのは2001年。発展基金には、取り崩しができない「基盤整備事業」（50億5000万円、1992〜93年度に発足、旧基金）と、取り崩し可能な「新産業創造等事業」（45億円、2000〜01年度に発足、新基金）があり、旧基金は国の補助金や道、空知地域の自治体、関係企業などの出資で発足された。

当初は、旧基金で正規の地方債を、1996年度から引き受けていた。しかし、夕張市をはじめ、各市町の財政が徐々に悪化する。2001年には、産炭地域振興臨時措置法に基づく国の支援の終了が迫っていた。

旧基金が引き受けた分を含む起債の償還を、新たに地方債を発行して補おうとしても、地方財政法上、元利償還金に要する地方債の発行は認められないため、ヤミ起債に走ったようだった。

当初、道、センターは「借金返済のための起債は認められない」との立場を取ったが、2001年2月、センターは基金の運用規定を変更し、ヤミ起債の引き受けも可能にした。各市町との協議に道も参加して黙認した。

◇　◇

夕張市は、閉山後の雇用確保や地域振興のため、観光産業に再生の夢を託した。だが、身の丈を超えた投資のために、「ヤミ起債」という不正に手を染めたことは許されない。

一時借入金の額は市議会に報告されていたが、本格的に論議されたことはなかった。市の監査委員（2人）も、市幹部OBと市議が就任するのが慣例で、決算案を追認するだけ。破綻の原因となった市の不適正な財務処理を知る市議もいたが、追及しなかった。

まちを再生させたい思いは理解できるが、一方には、「国の政策転換で閉山させられたのだから、最後は国が面倒を見てくれて当然」との意識があったのではないか。夕張市は、財布のひもをゆるめる具合と、締める具合のバランスを完全に失ってしまった。そのツケは、何の責任もない子どもら将来の市民に回ってくる。

情報公開進んでいれば

夕張の破綻を考える上で、市民への情報公開の不徹底は最大の反省点だ。もう少し、市の財政状況、3セクへの法外な補助、観光開発の実態などが市民に公表されていたら、ここまで負債が膨らむことはなかったかもしれない。

後藤健二前市長も退任前の2007年4月、私の取材に対し、夕張市の財政破綻の最大の教訓は「情報公開のなさだ」と言い切った。市の財政状況、3セクの経営実態をもっと早く市民に公開していれば、チェック機能が働き、財政破綻は防げた、と。

夕張市役所は、情報をいかに市民に伝えていたのだろうか。その前に、北海道内での情報発信の一般的なスタイルを紹介する。

情報の伝え方としては①広報誌などを使って市民に直接説明する②議会への報告③報道機関への情報提供――が考えられる。このうち、市民が最も多く情報を得るのは報道機関を通じてだろう。

北海道では、新聞・テレビの出先機関が複数ある市（函館、苫小牧、小樽、岩見沢、旭川、釧路、北見市など）では通常、市長の定例記者会見、年度末には、次年度の予算発表記者会見もある。こうした席では、市から懸案事項の報告、予算の中身の詳しい説明などがあり、記者側が行政執行の進め方への見解、市長の考え方などを質問する。

さらに、年末には記者クラブと市幹部の忘年会が開かれることも多い。こうした酒席では、お互いの立場や見解の違いについて意見交換する。互いの違いを理解することで、その後の報道に役に立つこともある。

記者会見以外でも、市役所の日々の行事、市長の動向などは広報担当を通じて報道発表が各社に配布される。もちろん、市役所から情報提供を受けるだけでなく、報道各社は役所内を回って独自にネタを発掘し、報道する。むしろ、こちらが本筋だ。

夕張市には炭鉱全盛期、地元の北海道新聞のほか、読売、朝日新聞なども記者を常駐させていた。しかし、全国紙は炭鉱の閉山とともに相次いで撤退し、道新だけが支局を残した。

財政破綻の取材では、岩見沢からの「通勤」にも増して何より、夕張市役所の閉鎖性に困った。財政再建団体への移行を表明した２００６年６月以降、市は記者会見をほとんど開いていない。市役所の閉鎖的な体質は、中田鉄治元市長の６期24年で完成された。

中田元市長は、アメとムチで記者をうまく取り込んだ。

ある地元紙記者が、元市長が肝いりで始めたテーマパーク石炭の歴史村に対し、入場料を割安にするなど地元配慮が必要との記事を書いた。それを見た中田元市長は怒り、この記者が市役所に出入りすることを禁止したという。

また、別の記者が第3セクターの経営実態に触れた記事を書いたこともあった。3セク社員に取材をしたのだが、中田元市長はこれにも腹を立てた。取材に応じた職員は、辞めさせられたのか、3セクを去った。

中田元市長の不正を暴こうとする記者には、支局の留守番電話に「いい気になるなよ」と正体不明の伝言が残されていたこともあったという。

一方、ある記者は夕張市に引っ越した当日、中田元市長に宴会の席に呼ばれた。この記者は札幌市長の取材をしたことがあり、懇意にしていたという。札幌市長から「この記者をよろしく」と言われた中田元市長は、手厚くもてなした。

第3セクターの赤字が膨らむにつれ、市は一般会計で穴埋めする不適正な会計処理や、ヤミ起債による資金調達をしていたのだから、それがばれるかと思うと、取材に応じない意識が働くのは当然だった。

そうした体質は、財政再建団体に移行するという重大な局面にあっても変わらなかった。最後まで、市幹部の口は重かった。

記者会見をほとんど開かない中、報道各社はどのように財政再建計画の策定過程を取材したのか。その役割を果たしたのは、市議会だった。

取材の過程はこんな具合だった。ある案件について、市が道を通じて総務省と協議を終えたとする。市幹部は、その案件の資料を持ち、議長応接室に向かう。応接室には、市議会の会派代表者が集まっている。「代表者会議」の場で、市幹部が案件について説明する。その間、記者は議長室の前で待ちかまえる。市幹部が説明を終え、室外に出た後、記者は議長室で議長にレクチャーを求める。市幹部が議員に説明した内容を聞くためだ。資料の提供も、市側ではなく、市議会からだった。

市議の説明だけでは情報が不十分な場合、初めて市幹部に取材する。取材を避けたがる市幹部だが、議会サイドから聞いた話であれば応じることもあった。「議員が言ったのなら仕方ない」というような具合だ。自分が漏らしたことにはならないと安心するようだ。

財政再建計画の策定過程の新聞記事をひもとくと、「市は△日、○○を発表した」ではなく、「市は△日、○○を市議会代表者会議に報告した」という表記が少なくない。

市役所の立場を考えれば、理解できる点もある。市役所は混乱していた。道と調整中の案件が先に新聞に出てしまうと、道から厳しく指導された。道は総務省の存在を気にしていた。夕張市職員は、どこまで話していいのか分からない状況だったのかもしれない。

だが、市民からは「自分の街のことなのに、市役所からの情報が無くていらだった」との声が多く聞かれた。住民への説明も遅れ、その説明もすでに決まったことが大半だった。財政再建計画が、市民の理解を十分に得て策定されたとはとても言い難い。

夕張市役所

◇　◇

2007年4月、「ガラス張りの市役所」を掲げた藤倉肇市長が就任し、情報公開への第一歩を踏み出した。財政破綻を教訓に、情報公開の一部を変更し、市民以外でも請求できるようにした。1999年3月に施行された旧条例は、請求権は夕張市民に限られていた。

だが、市役所がそれほど情報発信に積極的になったとは言えない。藤倉市長が就任した4月27日、市長に定期的な記者会見を申し込んだが、実現までに5か月かかった。就任1か月を前にした5月下旬、昼食を取りながらの「懇談会」形式で一度応じた。市幹部は「これからは、報道と協力して夕張の苦境を発信していく」と意気込んだ。

ところが、藤倉市長は記者会見で「財政再建下で道や国に手足をしばられ身動きが取れない」とぼやく。「そんなことは分かっていて市長になったんだろう」と市民から批判が上がり、道や国の反応も当然、よくない。それ以降、市長はなかなか取材に応じなかった。

ようやく定例記者会見に応じたのは9月下旬。地元記者クラブに所属する新聞各社とNHK、オブザーバーとして日経新聞、共同通信が参加し、市長応接室での懇談会という形式を取った。毎月第一月曜、市長のほか、副市長、理事、担当課長が参加する。

そこでも、問題は相次いだ。売却を前提に、市所有財産の査定を無料で引き受ける企業が現れた。市役所はそのことを発表する際、項目の一つに市役所庁舎、学校などを挙げた。

驚いた報道各社が「市役所も学校も売るのか」と再度聞いたところ、市側は「売ります。お金がないですから」と答えた。

翌日の新聞では、「市役所　売却」との見出しが躍った。ところが、この事実は担当以外、同じ課の職員も知らず、議員、市民から問い合わせが相次ぎ、市役所はあわてた。「売却するつもりだったのではなく、あくまで査定の項目として挙げた。説明が不十分だった」と撤回し、新聞で「やっぱり売りません」と修正した。

市幹部どうしで情報をきちんと共有し、何をどう発表するか打ち合わせが十分でないように思えた。

市と市職労　癒着の構造

２００４年、夕張市役所に一通の投書が届いた。６期24年続いた中田鉄治氏から後藤健二氏に市長が交代した翌年のこと。「試験前から採用者が決まっている。野球部を強くするためだ」。「野球人事」を告発する内容だった。

地上６階の市役所の薄暗い階段を地下１階まで下りると、トロフィーや盾がぎっしり並ぶショーケースがある。隣は、市職員労働組合（市職労）の事務所。「夕張市役所野球部」は、全日本自治団体労働組合（自治労）主催の全国大会で、１９９６年と２００２年に準優勝したほか、国体にもたびたび出場する強豪だった。しかし、後藤前市長が２００６年6月に再建団体入りを表明し、休部に追い込まれた。

野球人事は、中田元市長の時代に始まったとされる。「野球好きの中田市長が、毎年のように部員を補充し、野球部を強化した」と、複数の職員は証言する。炭鉱閉山に沈む街を強いチームが元気づけたのは確かだが、野球人事は、中田元市長と、それを支える市職労の二人三脚ぶりを象徴している。

元市長も、１９５４年から6年間、書記長と委員長を務めた。市長になってからも、組合幹部らと職員採用の面接試験を行い、甲子園球児や大学野球で活躍した選手の獲得に積極的にかかわった。野球部が強くなると、「入部したい」と札幌近郊の自治体から転職する者も現れた。

「野球部員から、組合の執行委員になったケースもある。野球部員は中田市長の選挙戦を応援した」と、密接な関係だったことを指摘するのは元市幹部。野球人事は、市議会でも質問が出たが、やめさせるまでに至らなかった。「野球人事に異議を唱えると、大変なことになる」と、50代の中堅職員は振り返った。

炭鉱全盛期の夕張には、「市長が3人いる」と言われた。市長と炭鉱経営会社「北海道炭礦汽船(北炭)」常務、夕張地区労議長だ。閉山後は自治労系の職員組合の影響力が強まった。夕張市役所では、市職労の役員経験者が市の幹部に上り詰めるケースが多い。中田元市長の後の後藤健二前市長も、市職労の執行委員長を務め、機構改革で最後となった総務部長も執行委員長を経験した。

◇　◇

夕張の市職労は、人件費カットなど職員待遇の交渉にあたるだけではない。市の様々な施策に対し、意見を述べる大きな存在だ。市長選の際には、市職労が集票マシンになった。大きな企業のほとんどない夕張で、300人を超す職員を抱える市役所は最大の雇用先だ。家族を含めると、市関係者は相当の数になる。

市長と市職労の蜜月関係は続いた。財政再建団体入りしてから初の市長選で当選した藤倉肇氏は、48年ぶりの民間出身の市長だった。後藤前市長と職場が一緒だった元職員は振り返る。「市の組合役員になってから、自席はしょっちゅう空席だった。組合活動に走り回っていた。炭鉱や役所の組合の支持を受けないと、市長にはなれなかった」

◇　◇

そんな市職労が、反旗を翻したことがあった。中田元市長が5期目を目指した1995

年の選挙前、観光路線の一辺倒で福祉などがおろそかになった危機感から、当時の委員長は推薦を取りやめた。しかし、「逆らうなら、対抗馬を立てて戦え」と元市長に激怒され、結局、推薦した。

中田市政に危機感を感じた組合は、６期目を阻むため、後藤健二前市長を立てようと画策した。だが、中田元市長は「出ない」とほのめかしながらも、最後には最高権力者の座を手放さなかった。市職労は、市長の暴走を止められなかった。

夕張市の人口は、過去45年間に10分の１の１万２０００人までに激減したが、財政破綻前までに、職員は８００人から半減したに過ぎない。病院、上下水道の公営企業を除く職員数は、人口と産業構造が似ている自治体のほぼ2倍いた。積極的な職員削減に取り組まなかった元市長。

ある元市議は「共稼ぎ職員も多く、もっと削減できた。思い切ったリストラをできなかったのも、破綻原因の１つ」とみる。財政破綻の背景に、もたれあいの構図が横たわる。

◇　◇

癒着は、市と市職労だけではない。市の第３セクターが運営していた2つのホテルなどでも見られた。

地元業者は、ホテルで使う食材や酒類を調達してもらえた。ある市民は、市の大盤振る舞いを思い出す。「市の職員の宴会がホテルであると、発注されるビールの数量が決まっていないことがあった。どんぶり勘定で多めに置いておけばよかった。余ったビールは、市の職員が家に持ち帰っていたようだ」

炭鉱会社の下請けだった会社も、ホテルの清掃員などの職場を確保できた。また、市役所内の清掃を何十年にもわたって一手に引き受けた。市役所の廊下も階段も、いつ行ってもピカピカに磨かれていた。市役所の宿直や、本庁舎と支所との資料配送なども、市と一体となって仕事を続けた。

飲食店も市の職員でもっていた。特に、市役所に近い本町の飲食店では、ある60代の男性から印象的な出来事を聞いた。この男性がカウンターに座ろうとしたとき、「そこは市職員の席だから」と他に移るよう言われた。その席には、いつも常連の市幹部が座っていたという。

映画祭は市民本位の事業だったのか

夕張メロンと並び、夕張の名を全国にとどろかせたのは「ゆうばり国際ファンタスティック映画祭」だ。読売新聞の過去の記事にも「市民の手作り、共感呼ぶ」「食べて笑って楽しさ満載」など、映画祭を持ち上げる見出しが躍る。

映画祭は1990年、中田鉄治元市長の「炭鉱から観光」政策の一つとして、竹下内閣の「ふるさと創生資金（1億円）」を活用して始まった。当初の名前は「ゆうばり国際冒険・ファンタスティック映画祭」だった。

炭鉱街として栄えたころ、市内には10以上の映画館があり、新作は札幌よりも公開が早かったという。しかし、山田洋次監督の映画「幸福の黄色いハンカチ」など数本のロケ地となったことを除けば、映画との関わりは特になかった。

映画祭を推し進めたのは、「私は、映画を見て人生の手本にしたことを誇りにしている。我が人生に悔いなし、だ」と、熱狂的な映画ファンであることを公言してはばからない中田元市長だ。

元市長がモデルとしたのは、フランスのアボリアッツ国際映画祭。アフタースキーのイベントとして行われていた映画祭を、夕張でも実現しようとした。夕張に旧・松下興産株式会社が進出し、マウントレースイスキー場とホテルの運営を始めたことに合わせ、スキーと映画を組み合わせることで冬の観光客誘致を目指したのだ。

アボリアッツ国際映画祭の姉妹映画祭だった東京国際ファンタスティック映画祭のゼネ

ゆうばり国際ファンタスティック映画祭の開会を宣言する
中田・元市長（中央＝2002年２月）

ラルプロデューサー、石田達郎氏（故人）を介して協議を進め、ゆうばり映画祭を計画した。1988年10月に札幌市で行われた第1回映画祭の記者会見には、実行委員長の元市長のほか、アボリアッツ国際映画祭のゼネラルプロデューサー、ルオネル・シュシャン氏が参加した。初の映画祭の予算は、ふるさと創生資金をはるかに超える1億8000万円に上った。

◇　◇

ゆうばり国際ファンタスティック映画祭には、実に多彩なゲストが参加した。監督では、「ウエスト・サイド物語」のロバート・ワイズ、女優では米のキム・ノヴァク、レスリー・キャロン、イタリアのクラウディア・カルディナーレ、栗原小巻、島田陽子、男優では米のデニス・ホッパー、勝新太郎、草刈正雄、歌手では仏のシャルル・アズナブールら、驚くほど華やかな顔ぶれだ。

市は、後に映画祭のメーン会場となる体育館「ゆうばり文化スポーツセンター」を建設し、一般の映画館も顔負けの巨大スクリーン（縦8・3メートル、横20メートル）を購入した。音響設備は、体育館とは思えないほど立派なものが備えられ、映画関係者を驚かせた。

映画祭の名前こそ、11年目となる2000年に「冒険」が削られ「ゆうばり国際ファンタスティック映画祭」に変更されたが、上映する作品は一貫して娯楽映画が中心だった。一般公開される映画を数か月前に楽しめることが特徴で、ゆうばり映画祭だからこそというポリシーは特になかった。

予算は2億円近くに上ることもあったが、ほぼ1億円前後で推移している。最後の映画祭となった2006年2月は、運営費9900万円のうち、入場料収入はわずか500万円ほど。6700万円を市が補助し、残りを企業協賛金などでまかなった。市の補助金は国からの特別交付税だ。

当初から、市民の一部には映画祭への疑問の声があった。しかし、強烈なワンマン市長の前には、そんな声もかき消された。元市長の大盤振る舞いは、石炭の歴史村などとともに、市財政を確実にむしばんでいった。

行政主導の映画祭は、最初に予算ありきになってしまい、無駄な経費を少しでも削ろうという発想につながらない。夕張に東京の映画好きが集まり、夕張で一冬を楽しむという、業者や関係者のイベントになった側面がある。

◇　◇

市民50人にインタビューしてみると、映画祭への評価が冷ややかなことに驚かされる。

自営業男性（85歳）は「中田元市長の道楽みたいなもの」と切り捨てた。

「負担ばかりで、赤字の原因。周りでは『市民が主役』のような言い方をしていたが、役所だけでやっていた」と、パート女性（38歳）。会社員男性（26歳）も「夕張でやっているとは思えない距離感がある。表向きは派手だけど、市民はゲストのことなんて知らない。一部の関係者だけで盛り上がっていた」と振り返った。

「特定の人だけが楽しんだ。観客動員にもお金を使って集めている。芸能人もお金をもらって来ていた。町にとって意味がなかった」（自営業女性・54歳）、「誰のためにやっていたんでしょうか。外から来た人のため？　市民のための映画祭とは感じない。ファンに場所を提供している祭り」（小学校校長・54歳）との指摘もあった。自営業男性（52歳）は「地域に根ざした文化とは言えず、無理に作られた文化と感じる」とした。

ほかにも「最初から反対。意味がないと思う」（自営業女性・58歳）、「意味がない。見に行く人がいない」（高校生女子・16歳）、「何が大事なのか、目的がわからない。映画祭を開いていいことがあるか」（製造業男性・48歳）と厳しい。スナック経営者（71歳）は「南部に住んでいたら、（映画祭などイベントをやっている）本町とは別な町みたい。映画祭の宣伝カーはこの辺にも来るけど、誰も聞いていないし、行こうとも思わなかった」と突き放した。

映画祭の大きな目的は観光振興だ。市によると、当初の観客動員数は1万人にも満たなかったが、最盛期には2万6000人を数えたといい、中田元市長は「市民あげての取り組みで『映画のある町』として復興を果たした。年間30億円の経済効果がもたらされている」と豪語した。

しかし、市民はそう感じていなかったようだ。「こっち（紅葉山）にも、あっち（本町）にもメリットがない。映画が始まると、人がサーッといなくなる」と、会社員男性（58歳）。「市のためになっているのかな？　あちこちから応援来ているけど、その時だけのお祭りという感じ」と、パート女性（58歳）。自営業男性（52歳）は「中田元市長は広告宣伝費と言っていたが、夕張の名がそれほど売れたわけではない」という。

映画祭の舞台裏を証言する人もいる。「映画祭はまったく必要ないと思う。ゲストに払うお金や運営費は、どこから来るのか。それを利用してタダでご飯を食べていた関係者もいたらしい。そもそも、市内に映画館がないのに、映画の町、映画祭というのもおかしい」と手厳しかったのは、パート女性（40歳）だ。

会社員男性（34歳）は「売らなきゃいけないチケットを、市職員らが家族や知り合いに無料で配っていた。収入がないのに、見せかけのために人数ばかり増やしていた」と話す。また、栄養士（46歳）は市民の動員の実態も明かした。「外国の俳優などゲストを乗せた列車が各駅に到着するとき、ゲストらは市民が自発的に来ていると思って『夕張の人は家族のようだ』と喜んでいる。実際は、町内会から出迎え要請の用紙が回ったので、出迎えているのに」

手放しで過去の映画祭を評価する声はほとんどなかった。破綻後に映画祭の中止が発表されたとき、マスコミなどから惜しむ声、功績をあげる声が続いたのとは対照的だった。

もちろん、映画祭の功績もある。最大の役割は、出会いの場を作ったことだ。映画祭が開かれているころ、夕張は雪で覆われる。上映後にバラバラになってしまう東京などの映画祭と違い、夕張では夜間、市外に出る交通手段は無くなってしまう。だから、上映が終わると、ゲストらが自然と本町地区の飲み屋街に繰り出した。そこで出会った監督や俳優など映画関係者が意気投合し、次の作品の制作につながったこともある。

市民有志が地元の山菜やおふくろの味を提供する夜間のストーブパーティーも人気だった。著名な俳優らと共に、白い息を上げてキノコ汁をすするという密度の濃い空間に魅力を感じ、毎年夕張に駆けつける全国のファンも多い。

市民からも好意的な意見はあった。「お金は使ったけど、夕張の名前が有名になった」農業男性（34歳）、「若い人の熱気につかると、こっちも元気が出る」自営業女性（73歳）などだ。

◇　◇

行政主体の映画祭が中止になった後、市民が結成したＮＰＯ法人「ゆうばりファンタ」が、規模を縮小した形で２００９年３月の復活を目指している。

市民の中にも「映画祭はやめない方がいい。急にやめたら、また貧乏くさくなる」（無職男性・67歳）、「いままでは市民が関係なかったが、これからは『金を使わずにみんなでやっています』という市民参加型になれば」（農業男性・34歳）、「規模を小さくしてもやってほしい。破綻しても映画祭やっているよ、というところを見せ、夕張は元気ですという姿をアピールしないと」（農業男性・27歳）と期待する声がある。

市長に抵抗した「コザクラの会」

ワンマンだった中田市政には、市役所はもちろん、市民もなかなか逆らえなかった。その中で、真正面から元市長に対峙した数少ない団体が、「夕張岳を守ることは、文化を守ること」を合言葉に、道内外に花の名山・夕張岳をアピールしてきた自然保護団体「ユウパリコザクラの会」だった。

石炭の歴史村など次々と観光開発を進めた中田鉄治元市長は１９８８年、市の象徴でもある夕張岳（１６６８メートル）へのスキー場建設を発表した。誘致しようとしたのは、リゾート開発大手の国土計画だ。

市は、夕張ワールドリゾート開発基本構想で「今、当市が最も求めているものは、男子雇用型の企業誘致と観光を中核とする大手民間資本の導入である」「夕張岳はトニーザイラーが評価しているとおり、日本一が望めるスキー場としての資源を有している」と、ぶち上げた。

夕張岳は、芦別岳とともに夕張山地の主峰をなす山で、花の名山として広く知られていた。世界でも珍しい高山性蛇紋岩という特殊な地質に、北方系と南方系の高山植物が混ざり合って群落をつくり、植物の種類は、この山でしか生息しないユウバリコザクラ、ユウバリソウなど290種類を数えている。

しかし、炭鉱が相次いで閉山した夕張の市民は、スキー場計画にもろ手をあげて賛成した。そんな中で立ち上がったのが、ユウパリコザクラの会の現事務局長である水尾君尾さん(61)たちだった。

夕張は、農協、商工会、労組が強い土地柄。町内会も、権力者によってまとめられていた。そんな中で、スキー場反対の会を作ったら、すぐつぶされる。夕張岳のスキー場反対運動も、もともと札幌市内の登山愛好者らが最初に声を上げた。その呼びかけに応えて89年2月、水尾さんたちはどうすればいいかと、準備会を開いた。夕張市民だけでやったらつぶされる。準備会は、最初から市外の人と一緒にスタートさせた。

中田市長に異議を唱えるにはどうすればいいか。「夕張では、一生懸命やる人はすぐつぶされる。お金も地盤も肩書もない人々が、自分の思いだけで、夕張に住んで何かを守ろ

夕張岳

うとしたら、大事なのは透明性を持つこと。共通のことばをもつこと」。水尾さんらは、内部のメンバーが認識を共有するために、何度も集まった。

2か月後、水尾さんたちは営農家や主婦ら46人で、コザクラの会を正式に発足させた。再建団体になった今こそ「市民主体で」との言葉が使われるようになったが、20年前、市民主体の活動というのはみんな経験がなかった。有志は集まってくるが、ばらばら。仕事を持つ男たちは、組織の利害関係などもあり、次々に抜けていった。そして、女性だけが残った。

コザクラの会の動きを警戒し、農民協、地区労、連合町内会、夕教組は１９８９年、スキー場開発促進要望書を出した。「コザクラの会は悪い市民」というデマも飛びかった。会に参加するのにも勇気がいった。

しかし、転機は訪れた。文化庁が１９８９年7月に現地調査したのに続き、当時の横路孝弘知事が90年1月、スキー場計画について「道立公園内の（開発行為を原則認めない）第一種特別地域にかかる部分があれば、開発は認めない」との見解を出したのだ。それでも市は、同年3月にスキー場計画を含めた85項目の活性化策を提出したが、同年7月、国土計画は第一種特別地域においての開発を断念した。91年2月には、元市長も計画の「一時休止」を表明せざるを得なかった。

だが、以後も市内ではコザクラの会に対する空気は冷ややかだった。市は当時、すでに開発の休止を宣言していたが、教職員組合に行ってイベント参加を呼びかけると、断られた。小中学校を回ってコザクラの会の絵葉書を配っても、断られた。夕教組などが出したスキー場開発促進要望書を撤回する手続きをしていないから、という理由だった。

夕張岳は96年、頂上部の貴重な高山植物群と蛇紋岩メランジュ帯が国の天然記念物に指定された。会も、２００６年度の北海道地域文化選奨に選ばれた。選奨は、道が風土に根ざした文化を振興するため、地域の暮らしに密着した文化活動や文化支援活動を行っている個人・団体に毎年贈っている。コザクラの会が認められた証しだった。

会員は多いとき、２４０～２５０人いたが、現在は約１４０人。そのうち、市内の会員は30人弱だ。それでも、山のマナーなど普及・啓発活動、登山道の整備、講演会、交流登山と様々な取り組みを続けている。さらに、道内の自然保護団体と手を携え、高山植物盗掘防止ネットワークを結成し、中心的な役割を担っている。

水尾さんは言う。「破綻後も、夕張は市民主導にはなっていないと思う。人の意識は変わらない。以前は、市民運動が起こると叩いたが、今は、デマを流してダメージを与える。夕張は組織で、偉い人の言うことをきいて、意見を言わないでいれば面倒をみてもらえた。夕張の外から来たらそれがおかしいと思うが、市民はそれが当たり前と思っている」。コザクラの会の挑戦は、まだまだ続く。

説得力に欠ける巨大ダムの必要性

かつて大夕張と呼ばれた夕張市の鹿島地区。日本のエネルギーを支えた三菱大夕張炭鉱の城下町だ。ここでいま、国土交通、農林水産省などによって巨大プロジェクト「夕張シューパロダム」建設工事が進んでいる。

総事業費は、当初見込みだけでも１４７０億円の巨額に達する。18年で３５３億円を返すことになった財政再建団体の同じ町での、何ともちぐはぐな工事だ。ある市民は「だいたい、本当に必要なダムなのか。こんな無駄な工事に投ずる税金を、市の借金に回してもらえば町はすぐ再生出来るのに」と切り捨てる。「地域の未来を開く〝鍵〟」（北海道開発局）への疑問は多い。

シューパロダムは、既設の大夕張ダム（かんがい、発電）の直下に建設を進める洪水調節、かんがい用水、水道、発電の多目的ダムだ。堤高は１０７メートル、総貯水量は4億３３００万立方メートル、発電最大出力は2万６６００キロ・ワット。完成すると、総貯水量で道内一、全国4位となり、かんがい用水は恵庭、江別、千歳、夕張、北広島市など5市

5町の約2万8000ヘクタールの農地に供給する。水道は、札幌市近隣の道央圏で利用する計画だ。

総貯水量が現在の約5倍に拡大するため、現シューパロ湖の水位はぐんと上がることになり、現ダム湖の上流にあった大夕張は湖底に沈む運命になった。これに伴って、1997年には炭鉱の閉山後も大夕張に残っていた約250世帯、430人が移転を強いられた。ダムに対しては、計画当初から「大夕張ダムに寿命が来たわけでもない。それなのに、多くの住民を移転させ、巨大ダムを新設することに意味があるのか」などの疑問の声があった。

◇　◇

「治水」は100年に一度の大雨に対応するという。しかし、各地のダムが土砂の堆積などで計画通りに機能しなくなっているのが現実だ。「かんがい」用水は、新ダムが完成すれば5530万トン増量され、対象農地面積は2万8000ヘクタールに倍増。受益農家は4000戸弱に及ぶというが、現在の農業情勢の中で現実的なのか。

「水道」「発電」も、シューパロでなければという切実性が伝わってこない。「コメどころに水は欠かせない」（農業水産部）、「洪水対策はいつの時代も必要」（建設部）、「全国のダムの中でも緊急性は高い」（夕張シューパロダム総合建設事業所）と、北海道開発局はこぞって反論するが、説得力に欠ける。

もともと、総事業費に1500億円近くもかけるシューパロダムのような大型公共工事は、「右肩上がり」の経済をよりどころにした計画だった。しかし、現在の国の財政は苦しく、公共事業費の削減に大なたが振るわれているのが現状だ。

一方、水没後の大夕張にはどんな絵が描かれたのだろう。ダム下の南部地区の住民の間では、ダム周辺を公園化する環境整備事業に対して〈地域活性化の切り札〉との期待が強かった。しかし、これも国とともに整備事業を担うはずだった市が財政破綻し、多くが頓挫したままだ。

◇　◇

そんな疑問が、2003年9月には現実のものとなった。シューパロダムに水利権を持つ石狩東部広域水道企業団のうち、構成自治体の江別市がダムの水道事業から撤退する方向であることが明らかになったのだ。見直しの理由は、人口の伸び悩みや財政難などだった。

夕張シューパロダムの計画給水区域は、江別市のほか、千歳、恵庭、北広島市、由仁町、長幌上水道企業団（長沼、南幌町）。企業団は、2000年度に事業を再評価した結果、水需要の鈍化などによって給水計画を大幅に修正。当初、全体の水需要のピーク（1日最大7万6700立方メートル）を2015年度と見込んでいたが、再評価では2044年度と大幅に先送りしていた。

シューパロ湖

給水計画では、江別市には全体の約2割の1万4700立方メートルが供給される。構成団体で給水量が最も多いのは千歳市の3万2000立方メートルで、全体の約4割を占める。

シューパロダムの建設事業費1470億円のうち、水道事業に参加する企業団はダム建設負担金と、総延長74キロの配水管敷設など送水施設の事業費、合わせて488億円を負担する。

一方、ダム工事も完成時期が大幅に延期され、工事費は当初より大幅に膨れあがることは確実視されている。道企業局は2003年9月になって、完成時期を当初の2004年から12年度に延期されるとの見通しを明らかにした。

◇　◇

シューパロダム工事を巡っては、大手ゼネコンによる不透明な安値落札が相次いでいることも判明した。2006年2月に行われた本体工事の第1弾「骨材製造第1期工事」の一般競争入札では、大林組（大阪市）の共同企業体（JV）が、予定価格約31億円に対し17億円で落札、落札率は54・5％だった。また、大成建設（東京都）などの共同企業体（JV）も「堤体建設第1期工事」で、50億8259万円の予定価格に対し23億7000万円で落札、落札率は46・6％だった。

その後も、わずか20日間ほどの間に大手ゼネコンによる低価格の落札が5件も続いた。いずれも低入札価格調査の対象となり、調査の後に問題はないとして契約が結ばれた。しかし、国土交通省は「短期間の調査には限界がある」として、3月31日、工事監視の強化などを求める次官通達を各地方整備局などの発注機関に出さざるを得なかった。

この問題では07年3月、大成建設などの共同企業体（JV）の実際の工事費が、少なくとも落札額の1・5倍に上り、10億円を超える大幅な赤字が見込まれることも国土交通省の調査でわかった。大成側は、2期目以降の工事を随意契約で受注して帳尻を合わせることを狙ったとみられる。

読売新聞が入手した調査資料によると、直接工事費の実際の予算は落札額の1・3倍の27億2334万円、共通仮設費は2・4倍の2億8740万円、現場管理費は3倍近い4億2630万円を計上。このため、各社によって算出が異なる一般管理費を除いても、全体では落札額の1・45倍の34億3704万円かかり、実際には10億6700万円の赤字だったことになる。

この入札では、大成側の示した額が国交省の定めた基準を下回ったため、同省は入札直後に調査したが、大成側は「ぎりぎり採算は取れる」などと説明し、契約が交わされた。その後、落札率が極端に低かった他の8件を含めた大型工事について同省で改めて立ち入り調査するなどし、実際に計上されているＪＶの予算を調べた結果、大成のＪＶが落札したダム工事で、予算額と落札額との開きが突出していた。

同省幹部は「『小さく生んで、大きく育てよう』などという方法は許されない。落札額が低すぎると、下請けいじめや手抜き工事につながる可能性もある」と指摘した。

07年6月には、公正取引委員会が公共工事の入札で工事原価を下回るような価格で落札したのは不当廉売に当たる恐れがあったとして、大手ゼネコンの大林組と大成建設に対し、独占禁止法違反（不公正な取引方法）で警告した。大手ゼネコンが不当廉売で警告を受けるのは初めてだった。

公取委によると、大林組と大成建設は２００６年に1件ずつ落札した北海道開発局発注の大型ダム夕張シューパロダム関連工事で、不当廉売の恐れがあった。

◇　◇

シューパロダム工事で、現場に通じる読売新聞夕張支局前の国道は、ダンプカー、大型工事車などがごう音を立ててひっきりなしに行き交い、夕張は一見して潤っているように見える。しかし、関係者によると、工事の主体は本州の大手ゼネコンで、その下請けもほとんどが市外の業者だ。

市内のある土木業者は話す。「市の財政破綻の影響で、市内の建設・土木業者はどこも仕事が大幅に減って苦しんでいる。いつ倒産してもおかしくない。それなのに、シューパロダム工事に使ってもらえず、工事の恩恵はほとんどない」。また、ダムに近い清水沢地区の飲食店主も「市外から通っている工事関係者が多く、残りも現場近くに立てられた作業員宿舎で生活している。飲食店街にはほとんど金は落ちておらず、にぎわっているのは作業員らが弁当などを買うコンビニエンスストアぐらい」と言う。

1500億円の投資が実感できない夕張市民。そんなダム工事とは、いったい何なのだろうか。

国と道は知らなかったのか

「赤池町さんだけじゃない。夕張市さんも一緒です」

1992年、32億円の負債を抱えて再建団体になった福岡県赤池町（現・福智町）の町長だった日野喜美男氏（74）は、91年に旧自治省のヒアリングを受けていた際、担当者から何度もそう言われた。九州と北海道。旧炭鉱の街という共通点がある2つの自治体は、同じ岐路に立っていたことになる。

しかし、夕張市は国際映画祭による街おこしを評価され、１９９０年に自治大臣表彰を受けていた。そんな後ろ盾があるからか、赤池町とは違い、財政再建団体入りに手を挙げなかった。それどころか、逆に借金を増やし続けた。

「国が自治体をつぶすわけがない」。中田元市長は毎年１～2月になると、市職員労働組合の後輩の元衆院議員、中沢健次氏(72)を伴って自治省に通った。目的は、除雪や過疎対策など特別な事情を考慮して算定される特別交付税。「陳情すれば色を付けてくれた」と中沢氏は言う。

夕張市への特別交付税は２０００年度、過去最高の16億円に達した。01年度までの33年間は、炭鉱閉山に伴う臨時交付金として67億円も交付された。だが結局、赤池町の20倍の６３２億円まで債務を膨らませた夕張は、15年遅れで財政再建団体入りせざるを得なかった。10年で再建を終えた赤池町。一方で、夕張は再建が完了するまでに18年かかる計画だ。

ある元市幹部は悔やみきれない。「夕張市がやり直せるとしたら、最後の炭鉱が閉山した１９９０年。炭鉱関係の交付金が激減するのに、それでも観光に投資を続けた。あのころ財政再建団体になっていたら、もう再建は終わっていたのでは……」

◇　◇

２００７年6月15日。夕張問題の集中審議が行われた政府の地方分権改革推進委員会で、

◆夕張市の観光関連施設への国、道の補助金の主な内訳（1979～2005年度）

※地方分権改革推進委員会事務局まとめ、（　）内は全体事業費

【農林水産省】			
	ユーパロの湯	5億1900万円	（11億6000万円）
	めろん城	3億2000万円	（6億4100万円）
	紅葉山工場	2億1200万円	（4億2400万円）
【経済産業省】			
	パークゴルフ場	700万円	（9800万円）
	夕張鹿鳴館	4000万円	（6600万円）
	生活歴史館	2900万円	（2億4700万円）
	シネマのバラード	2億3000万円	（6億3800万円）
【国土交通省】			
	石炭の歴史村公園	8億3300万円	（34億200万円）
	グリーン大劇場	6300万円	（1億2600万円）
	キャンプ場	4500万円	（9000万円）
	歴史村内トイレなど	1100万円	（1億3800万円）
	郷愁の丘ミュージアム公園	1億5100万円	（4億2300万円）
	センターハウス	1億5800万円	（3億3800万円）
	北の零年　希望の杜	500万円	（3600万円）
【北海道補助金など】			
	パークゴルフ場	4200万円	（9800万円）
	炭鉱生活館	3500万円	（2億400万円）
	めろん城公園	8800万円	（2億5500万円）
	ロボット館	7000万円	（8億3600万円）
	世界の動物館	1000万円	（3億6900万円）

委員から驚きの声が上がった。１９７９年度から２００５年度にかけて、夕張市の財政破綻の要因となった観光事業に施設の整備費だけで１４７億３９００万円が投じられ、このうち国の補助は21億８９００万円だったことが報告された。

国の補助金は、農村や産炭地振興などを名目に8事業13施設に投入された。バブル期だけでなく、道や総務省が厳しい財政状況を認識していた１９９０年代半ば以降も支出されていた。例えば、２００５年度に映画ロケセット見学施設「北の零年　希望の杜」（事業費３６００万円）に対し、国土交通省は５００万円を補助していた。

委員会では、国のチェックの甘さを問う指摘が相次ぎ、国側は「施設が作られたかどうかはチェックするが、効果を検証する制度になっていなかった」などと釈明。これに対し、作家の猪瀬直樹委員は「補助金の出しっぱなしではないか」と痛烈に批判した。

また、夕張市が90年度、積極的な観光施策を評価され、自治相（当時）から「まちづくりのモデル」表彰を受けたことについても、神奈川県開成町長の露木順一委員は「国があおり立てたのではないか」と指摘。総務省は「表彰後、収支計画が狂ったということ」と、苦しい弁明に終始した。

◇　◇

道にとって、夕張問題に立ち向かうことは、パンドラの箱を開けるようなものだった。

夕張が500億円近くの借金を重ねていることは、道でも以前から分かっており、「いつつぶれてもおかしくない」というのが道職員の共通認識だった。だが、なかなか手を付けられない。「財源がないのに、毎年借金が膨らんでいく。ヤミ起債など何かマズイことをやっていると思っていた」。夕張を管轄する空知支庁に勤務経験のある元道職員は回想する。

夕張市が観光へのまちづくりを始めたのは、もう20年以上前のことだ。1970年代に地方課（現・市町村課）にいた元道職員は、夕張市職員が石炭の歴史村構想の起債申請に道庁を訪れたときのことを思い出し、「私は反対した」と話す。

「夕張は退職金の支払いに退職債を発行していた。多くは、退職金組合で積み立てて払う。市職員の炭鉱全盛期にたくさん採用しており、人件費がすでに重荷だった。歴史村の前に、まずは人員整理をしろと言ったが、市長まで伝わらなかったんだな」

動物のはく製1000体を展示する「知られざる世界の動物館」の建設費として、起債を申請しに来たときは、市職員とやり合った。「中田市長の政策だ。どうすれば認めてもらえるのか」と食い下がる市職員に、この道職員は「そんなことしている暇はない。おまえの首でも飾っておけ」と言い放ったという。

だが、結局、道は起債を認めた。この職員もその後、あえて夕張市には足を踏み入れなかった。「自分が手を染めてしまった施設、という意識があるから見たくもない」のが理由だった。

◇　◇

中田元市長は、道庁を飛び越えて直接、中央官庁と協議した。ある道職員は「そのころ知事は横路さん（横路孝弘・現衆院議員）だし、北海道は社会党が強かった。中沢議員（中沢健次・元衆院議員）や炭労の存在もあったから、夕張で何か文句を言うのは怖かった。あまり夕張に深入りしたくないという雰囲気はあった」と話す。

一方で、夕張市の財政状況が危ないという情報は伝わっていく。ある元道職員は１９８０年代前半、とある銀行から突然電話を受けた。「夕張が金を借りたいと言っているんだが、つぶれるといううわさもある。大丈夫なのか」。この職員は、まさか「つぶれる」とも言えず、「知事が裏書きをしているし、大丈夫です」と答えるしかなかった。

こうした証言からすると、道庁は夕張問題を遠巻きに見ながら「調査権限がない」などを理由に、長期間、放置したことになる。夕張問題で道の責任を追及され、減点されたくないという保身もあっただろう。

いざ、20年以上たってパンドラの箱を開けてみると、夕張市は出納整理期間を過ぎた会計間処理という違法会計にまで手を出していた。

そして道は、３５３億円の借金をいったん肩代わりし、市に低利で貸し出す結果になった。市中金利との差額は道が負担する格好だ。大量退職した市職員を補うため、7人の道職員も手弁当で派遣した。一方で道は、自らも職員の給与カットを進めざるを得ない緊迫財政を抱えている。

第三章　再生へのもがき

消防を辞めるなど思いもしなかった。

だが、現実は厳しかった。月給は17万円になった。

「覚悟を決めた」

再建元年　不安のスタート

新年度のスタートとなった２００７年４月２日の月曜日。夕張市の再建１年目が始まった。

午前10時から、初の幹部職員会議が開かれた。市長、助役、教育長以外は新しいメンバー。７人の新任課長には、ヒラから２階級特進で課長になった職員もいた。

緊張した面持ちの新幹部職員に対し、後藤健二市長は「(再建)計画はできたが、スムーズに行政運営を遂行できるかが課題で、市民からも不安の声が上がっている。市民が安心できるまちづくりのため、ご努力をお願いしたい」とあいさつした。

市は、財政再建団体への移行に伴い、機構を大幅に縮小した。５部17課30係の市長部局を７課20係に縮小し、一般職員は２６０人から１２６人に半減した。57人いた管理職も15人に減り、課長職の３分の１を40歳代が占める若返り人事となった。

◇　◇

空きスペースが目立つ庁舎内。走り回る若手の幹部職員、ひっきりなしに鳴る電話──。

たくさんの報道陣とともに取材したこの日の市役所内は、慌ただしい雰囲気に包まれていた。

「前向きにやるしかない。重圧がないと言えばウソになるが……」。総務課長兼選管事務局長兼監査事務局長という重責を担うことになった天野隆明さん（50）は、表情をこわばらせた。

天野さんは、市職員として32年目を迎えるベテラン。市民課や財政課を経て、2006年秋から今年3月まで、財政再建課の計画係長として再建計画策定に力を尽くした。「徹夜もあったし、苦情も多い大変な仕事」を乗り切った後、休む間もなく、市役所の仕切り役を担うことになる。

年度末からは、総務課に統合される企画広報課や情報推進室などの職員との引き継ぎに忙殺される毎日が続いた。統合が一気に進んだことで、各課とも、年度内に終わらない引き継ぎが残っているが、ＯＢ職員の協力を仰ぎながら進めていくという。

「これから色々と課題が出てくると思うが、一日一日、クリアしていきたい。市民から『職員が減ってサービスが悪くなった』と言われないようにしなければ」と、責任の重さをかみしめる。

市民課介護福祉係長に配属となった池下充さん（45）も、不安を隠さない。「あれだけの人が辞めたのだから、倍以上の仕事があるし、分からないことも多い」

人事異動は、当初の予定より2週間以上遅い3月13日に内示され、引き継ぎもままならなかった。池下さんは、総務部企画広報課で4月号の広報誌作成にぎりぎりまで追われていた。十数年前、福祉関係の部署にいたことがあるが、新しい介護保険制度については一から勉強しなければならない。ほかの部署では、退職した上司に問い合わせる職員の姿も見られた。

不安を抱いているのは、若手職員も同じだ。財政係から、同じ介護福祉係に異動した吉岡崇さん（31）は、起債関係の事務処理の引き継ぎに追われながら、退職者から託された介護保険制度の参考書と格闘している。「夕張には高齢者が多いので、介護福祉はとても大切。市民と接する仕事なので、対応が悪ければ、それが新しい市役所のイメージになってしまう」。しかし「職員が減っても、連携と工夫で乗り越えられるはず。失敗を恐れず、積極的にいくしかない」と、前を見据える。

◇　　◇

はたして、住民サービスのレベルを維持したまま、新体制で行政運営がスムーズにできるのか――。

「しっかり対応してもらいましたよ」。遺族年金の相談で市民課を訪れた自営業の男性（47）は、〝新市役所〟の印象をこう話した。そして「今まで通りやってもらわないと困る

し、やれると思う」とエールを送った。

同じく市民課に相談に来た主婦(58)は、連絡所が廃止されたため、市役所に足を運んだ。「不便だが、市がこんな状況だし、市民と行政が一丸にならなくては。今まで市役所で支払っていた市民税を郵便局の口座振替にするなど、自分たちでできることはしていきたい」と言う。市民の意識も、財政破綻を機に少しずつ変わりつつあるのか。

終業時間の午後5時45分。介護福祉係長の池下さんは、道に提出する介護保険料の補助金申請の書類作りに追われていた。市の65歳以上の高齢化率は42%に達し、全国の市で最も高い。介護認定などを行う市民課は、高齢者や家族と向き合う最前線だ。「市民の皆さんに『勉強しているから待ってください』とは言えない。時間がかかっても、一つひとつやっていくしかない」。池下さんは、「この日が一からのスタート」と気を引き締めた。

閉塞感の裏返し？ 羽柴旋風

夕張市長選が4月15日、告示された。翌日の昼下がり、かつての炭鉱住宅が背後に広がるコンビニエンスストア前で、買い物袋を下げた主婦(52)が津軽弁に耳を傾けた。

「大企業を誘致して雇用を拡大する。私財を投じる覚悟で再建する」

マイクを握るのは、青森県の会社社長、羽柴秀吉(57)氏。東京、大阪、長野の各知事選や衆議院、参議院、地元の五所川原市長選など過去12回の選挙に立候補した「選挙の常連」だ。

主婦はその数日前、知り合いに紹介された。テレビで見たことのある男性が、金ピカの名刺を差し出し、「雇用を確保します」と握手を求めた。

夫(57)は、3月末に市役所を早期退職した。自己破産した第3セクター「石炭の歴史村観光」に勤めていた長男(29)は解雇され、職が無い。「今、必要なのは雇用。やっぱり、力のある人がいい」。家族で話し合って7人の候補から羽柴氏に投票することを決めた。

財政再建が実質的にスタートした4月、街は変わった。市役所連絡所はすべて廃止され、施設使用料は5割増し。市職員はほぼ半数が退職した。市民は、今後18年に及ぶ再建期間にため息をつき、街には閉塞《へいそく》感が漂う。

◇　◇

財政再建初年度を誰に託すのか。夕張市長の月給は86万2000円から25万9000円と、全国市町村長で最低に削減された。さらに、国の管理下に置かれ、市長の腕の見せどころである新規事業は原則着手できない。それなのに、市長選には全国各地から立候補の動きが相次いだ。立候補予定者説明会の段階では、カナダ・バンクーバーから北海道を憂えるラジオ局プロデューサー、フリーターなど多彩な面々が参加。中には「誰も出ないなら小遣い稼ぎになればいい」という人までおり、私たちもあきれた。

最終的には、供託金１００万円の壁もあり、７人が立候補した。夕張市議を7期務めた千代川則夫氏（59）、愛媛県旧・大西町（現・今治市）の元助役鴨川忠弘氏（68）、羽柴氏、愛知県春日井市の元工場作業員作出龍一氏（33）、夕張出身で札幌市の元タイヤ販売会社社長藤倉肇氏（66）、夕張市議を5期務めた共産党公認の森谷猛氏（72）、千葉県野田市の元市議で元予備校経営若林丈人氏（62）。

選挙戦でうれしかったことがある。候補に立候補の動機を各社がインタビューした際、ある候補は「読売新聞の連載で市職員の『アリのように働く』という記事を見て感動し、自分も親アリになろうと決意した」、もう一人の候補は「読売新聞の記事で市立病院に赴任した村上医師の生き方に感動し、夕張のために私もがんばりたい」と述べたことだ。

１本の新聞記事が、本州の見も知りもしない人の人生を変えるとは。おまけに、それが読売新聞だ。

◇　　◇

市長選の告示を控え、夕張には選挙関係者や報道陣が続々と現地入りした。この時期は例年なら閑散期だが、市内の宿泊施設や飲食店は市外から訪れた客でスキーシーズン並みのにぎわい。タクシー会社にも車の貸し切り予約が相次ぎ、選挙特需が町を潤した。

市役所近くにある唯一営業中の大型ホテル（157室）は14、15の両日、シングルルームが満杯。1人客にダブル、ツインルームを回す盛況ぶりだ。投票日（22日）の予約も好調で、ホテル支配人は「普段ならオフシーズンなので非常にありがたい」と声が弾む。

近くの飲食店街も活気づいている。連日、候補者や選挙スタッフ、取材陣で夜遅くまで明かりが消えず、店内は選挙の話で持ちきり。ある店では、日曜日の告示日も休みを返上して、急きょ店を開くことにした。店主は「久々に夜遅くまでにぎやか。毎日帰宅が遅いですよ」と、うれしい悲鳴を上げる。昨年まで開かれていたゆうばり国際ファンタスティック映画祭並みの混雑ぶりだという。

市内のあるタクシー会社では15日午前中、所有する13台のうち11台が、貸し切り予約済み。テレビ局が各候補者を追いかける足に使うためで、2台は一般客のために残したという。

しかし、タクシー会社は「需要が増えるのはありがたい限り」と話す一方、「再建団体になった影響で、病院の診療科目や公共施設も減った。日常を取り戻した後のリバウンドが心配」と、複雑な心境ものぞかせた。

◇　◇

告示とともに、7人の候補者は小雪の舞う街を走り出した。

夕張市長選最後のお願いで、清水地区をパレードしながら遊説する羽柴氏

勢いを付けたのは、意外にもそれまでの選挙では最下位が多かった羽柴氏だった。羽柴氏は、街の閉塞感をくみ取るがごとく、熱狂的な支援者を増やした。閉山に沈むかつての夕張で、大テーマパーク構想をぶち上げた中田鉄治元市長のように――。

「今の夕張は負担ばかり。お金をぶらさげれば、誰だってくらっと来るよ。ずるいやり方だ」。他陣営は羽柴氏の勢いを警戒した。

羽柴氏の公約では、２０００人規模の企業を５社誘致する。人口１万２０００人の夕張では「あり得ない」（他陣営幹部）計画だ。政治家である市長が再建に私財を投じる行為も、公職選挙法の「寄付行為」にあたるため、できない。

「大企業誘致なんて、無理だって分かってますよ」。羽柴氏に握手を求められた主婦は言う。山に囲まれた交通の便が悪い夕張に来るはずがないと。「でも、どうせ北海道や国の言いなりで何もできないなら、期待をかけたい」

◇　◇

選挙戦は、一時は有効投票の４分の１に達する候補が出ず、再選挙となる可能性もささやかれていた。しかし、ふたを開けてみれば、上位２人が突出。羽柴氏は２９８８票を集め、３４２票差の次点だった。自身が出馬した選挙で最高の33・４％の得票率を記録する善戦だった。

夕張市長選に初当選した藤倉氏と夫人

この「羽柴旋風」について、森啓・北海学園大学教授（自治体学）は「夕張市民は力のある政治家の前で批判的なことが言えず、それが依存体質となって、財政破綻につながった。この体質から脱却できず、危機感を十分自覚できていないことの表れではないか」と批判した。

一方、市議出身候補2人への市民の目は厳しかった。告示を前に開かれた市長候補の公開討論会では、「市議会は破綻をチェックできなかった」と批判した道外出身候補に、会場から大きな拍手があがった。結局、元市議2人は1157票と461票しかとれなかった。

市民が選んだのは、夕張出身だが高校卒業後は夕張を離れ、札幌のタイヤ販売会社の社長だった「しがらみのない地元出身者」藤倉氏。中田元市長や後藤健二市長ら市職労出身の市長が続いた夕張で、民間出身者は48年ぶりだ。

藤倉氏は祖父、父ともに炭鉱マン。情報公開や市民参加のまちづくりを訴えた。連合夕張の支援を受け、小中学校や旧・夕張北高時代の同級生のネットワークも生かして支持を広げた。

「汗をかき、一歩一歩改善しよう。依存型から自立型に意識改革することで、夕張の明日がある」。藤倉氏は初当選を決めた22日、支持者を前に、こぶしを高く上げて興奮気味に訴えた。

過去のしがらみから脱し、市民参加の街づくりができるのか。再生のプロセスを、全国

選挙特需で久々に活気づいた飲食店街「梅ヶ枝通り」

の「夕張予備軍」が注視している。

◇　◇

市長選と同じく、市議選も4月15日に告示された。その1か月半前、夕張市の財政再建計画が市議会で議決されたあと、誰もいなくなった議員控室に、今期限りで引退する市議の姿があった。

「結果として市の財政破綻、市民負担を増大させた責任の一端は議会にもある。これ以上は続けられない」。不適正な会計処理を見逃してきたことへの悔悟の念が、引退の2文字を選ばせた。膨らみ続けた観光事業への投資。市が膨大な借金を抱えていることは、決算書などで分かってはいた。しかし「情報が小出しで、財政全般の論議まで突っ込めなかった」と肩を落とす。

夕張市が財政再建団体入りを表明して以来、市議会がチェック機能を果たせなかったことが批判されてきた。市議への不満が一気に噴出したのは、前年の2006年10月に市が開いた住民説明会の席だった。「何をやっていたんだ」「チェックできない議員なんていらない。町内会長で十分だ」

夕張市が隠れ借金を膨らませた一時借入金の乱用による会計処理は、議会で承認を得ていた。つまり、議員が膨らみ続ける借金を黙認していたことになる。17人いる議員（定数

18、欠員1）のうち、7期28年にわたって夕張市の盛衰を見てきた議員もいる。
だが、議員に取材を進めると、全員が全員、不適正な市の会計手法を理解していたわけではないことが分かる。きちんと把握していた議員もいるが、何となく巨額の借金を抱えている、という程度の理解だった議員もいた。ある議員は「負債は500億くらいと思っていた。まさか600億に達していたとは」と、のんきな感想を漏らしていた。

議会がチェック機能を果たせなかった一因は、カリスマ的な存在だった中田鉄治元市長の存在だと話す議員もいる。夕張市の632億円の債務の中で、222億円が観光事業にかかわる。観光事業を担う第3セクターの赤字を市が補てんしていたが、3セクの社長を兼務する中田元市長は「3セクは民間だから、赤字を議会に示さなくてもいい」と言ってはばからなかった。ある市議は「何度、議会に決算を示せと言ってもだめだった」と振り返る。

一方、不適正な会計処理を行ってまでも観光事業を続けた理由について、国の閉山対策を挙げる人もいる。「まだ石炭は十分掘れたのに、国の政策転換で閉山させられた。閉山しても国は完全に面倒をみてくれなかったのに、交付税は減らされ、地方は大変。次は財政再建団体とはひどい」と、ある議員は話した。

◇　◇

市民が市議への不満を増幅させる事実が、2006年8月に明らかになっている。きっかけは、一通の封書が読売新聞岩見沢支局に届いたことだ。告発文書だった。

市議が議長交際費でゴルフをしている——。取材を進めると、議長、副議長ら4人の市議が7月10日、公費である議長交際費から計1万8000円を支出し、他市の市議との親睦ゴルフ大会に参加していた。日程が財政再建団体入りを表明した後だったから、報道後は当然ながら「市議は何も反省していない」と市民から批判が上がった。

17回目を数える「4市議会議員親睦ゴルフ大会」は、夕張のほか、岩見沢、美唄《びばい》、三笠各市の議員17人が参加し、美唄市の北海道リンクスカントリー倶楽部で開かれた。参加者は、プレー代や懇親会費など1万580円を各自支払ったほか、景品代などに充てる「負担金」を各市が1万5000円ずつ支出した。また「議長賞」として、各市が地元特産品を持ち寄った。

夕張市は、「議長交際費」（2006年度80万円）から負担金を支出した。議長賞には、夕張特産のナガイモ焼酎と夕張メロンゼリーの詰め合わせ（3000円相当）を議長交際費で持参した。

同じ旧産炭地の三笠市も、負担金と議長賞を議長交際費から支出していた。岩見沢、美唄両市は、市議で作るゴルフ同好会などから私費で支出した。

夕張市の岡崎光雄議長は「こういう状況だけに参加を取りやめようとの話も出たが、議員同士の付き合いもあり、夕張が行かないと迷惑をかけてしまう。他市から夕張の破綻の状況を聞きたいという要請もあった。やむを得なかった」と話す。だが、すでに、後藤健二市長が財政再建団体入りを決めており、「軽率な部分があった」と謝罪した。

◇　◇

市議会は生まれ変わらなくてはならなかった。まずは、経費削減だ。市民に負担増を求める計画を作った以上、市議会もコンパクトにしなくては市民の理解は得られない。18の定数を9に、議員報酬を42％減の18万円と、共に全国の市議会で最低にした。議長の月額報酬は23万円（40％減）、副議長は20万円（同）となる。

全国市議会議長会によると、2005年12月31日現在の最小定数は北海道歌志内市、赤平市の12人。月額報酬の最低額は、岐阜県本巣《もとす》市議会の22万円。定数は、歌志内市が次期改選から10人に削減することを決めており、夕張市議会はこれを下回るよう設定した。

市議選では、市民から「議員は責任を取って全員辞めるべき」との声が強かった。ところが、ふたを開けてみると、立候補した11人のうち7人が現職の市議だった。彼らは、市民にどう説明したのか。

3選を目指した男性市議（58）は「議会で質問しても、市側は『株式会社のことですから』と内容を言わない。『チェックが甘い』と言われれば甘いが、立ち入れないのは仕方なかった」と弁解した。再選をかけた男性市議(58)は「定数を減らされ、報酬を下げられたことで、ペナルティーは終わっている」と強調した。3期目を目指した男性市議(37)は「良かれと思って観光政策に賛同してきたが、振り返ると必要のないものが多くあって悔いが残る。議会に残って責任をとりたい」と話した。

◇　◇

「市の財政をチェックしきれずに夕張をダメにした市議が7人も出馬し、『市民の審判を仰ぐ』という。おかしくないか」

市内で印刷工として働く伝里《でんり》雅之さん(48)は、告示5日前の4月10日未明、自宅に呼んだ友人3人に、出馬する考えをうち明けた。

地元の高校を卒業後、東京で印刷会社勤務やアルバイトの生活を送った。23歳の時、映画「幸福の黄色いハンカチ」に実家の近くが映っていたのを見て、郷愁に駆られた。帰って来た故郷は、相次ぐ炭鉱閉山でかつてのにぎわいが消え、市は観光振興に力を入れ始めていた。「街の雰囲気が寂しかった。盛り上がれることをしたかった」。友人らと企画グループ「ヤング夕張」をつくり、フォークやレゲエなどの野外コンサートを開催。ここ数年は、映画のロケ地の案内役も務めてきた。そんな中で露呈した、市の財政破綻。

政治とは無縁で知名度も低い夫を、妻(51)は「(市議選に)出なかったら私が出るところだった」と冗談交じりに後押しした。義父から１００万円借りて供託金などを用意し、仲間ら20人と休業中のスナックに事務所を構えた。

「議会の中身を市民に知らせたい。市民は何も知らされてこなかったんだから」「ガラス張りでなく、ガラスさえない行政にしたい」。そう訴え続けた。

◇　◇

結局、７位の７７０票を得た伝里さんも含め、現職６人、新人３人が当選した。落選した現職は、唯一の野党議員として市の観光政策を批判し続けてきた共産党の女性（53）だけだった。

はたして市議会は変われるのか。多くの市民がかつてなく厳しい視線を注ぐ中、新生市議会はスタートした。

藤倉新市長のいらだち

２００７年４月27日。藤倉肇市長が、夕張市役所に初登庁した。後藤健二前市長が、季節はずれの雪の舞う中を退任した前日とはうって変わり、快晴の空が広がった。

公用車を降り、正面玄関で花束を受け取った藤倉市長は、笑顔で高らかに両手を上げた。職員は拍手で迎え、多くの報道陣が取り囲んだ。「財政再建団体として歩み始めた初年度の市長として、責任の重大さを感じている。自立心を持ち、汗を流して一歩一歩踏み出そう。私が先頭に立つ」

最初の仕事は、職員への訓示。4階の大会議室に集まった約60人の職員を前に、市長が立った。自信に満ちあふれていた。民間企業の発想を「行政に合った形で導入したい」と力を込めた。訓示には、こんな言葉も並んだ。「お客さま第一主義」「効率優先」「競争」…。組合出身の市長が48年間続いた夕張市には無かったあいさつだった。

ある市幹部は「まだよく理解できないけど、新しい感じがしていいのでは」と思った。新しい市長の下、夕張市は再建を目指して一歩を踏み出した。

◇　◇

藤倉市長は1941年、夕張で生まれた。祖父、父共に炭鉱マン。5人兄弟の長男として、小学校時代から納豆売りや新聞配達で家計を助け、夕張一の進学校だった旧・夕張北高に進んだ。後藤健二前市長とは同級生だ。

集団就職で神奈川県の横浜ゴムのタイヤ工場に採用され、働きながら夜間は日本大学経済学部に通った。東京や福岡などで営業の仕事を続けた後、2001年に北海道ヨコハマタイヤ販売（札幌市）の社長に就任した。「なにくそ。負けてたまるか」が信条。約３００人の部下には「壁を乗り越えることで力がつく。苦しいことがないと人は伸びない」と励まし、営業不振の同社を50を超える系列企業のトップに押し上げた。

２００６年6月に社長を退任したが、翌07年3月に転機が訪れた。夕張市長選の立候補予定者説明会に、「小遣い稼ぎで市長になる」という動機の人が来たと報道で知った。「故郷は危機だ」と、夕張にいる同級生に立候補を告げた。

「夕張は生まれ変わるためのトンネルの中にいる」。そう話す藤倉市長は、再建を目指す希望で満ちあふれていた。

◇　◇

だが、藤倉市長が想像していた市長像と現実は違っていた。

就任１か月を前にした5月24日の記者会見。藤倉市長は言った。「市長室を訪れた友人が『選挙中はにこやかだったのに、目が笑ってませんね』と言うんだ」。市長に就任し、顔付きが変わったという。

笑顔が消えた理由は、制約だらけの現状だった。

財政再建団体の夕張市は、何をするにも総務省の許可が必要となる。市長は「夕張のセールスマンとして動き回る」と意気込んでいたが、旅費を伴う出張は認められないなど、多くの制約に直面した。財政再建計画では、出張旅費が確保されておらず、日帰り出張しかできない。と言って、市長が私費で旅費を出すと、寄付行為となるためできない。「市民が選んだ市長なのに、手足を縛られ再生に向けて何もできない」「下水道が壊れても、修理代はありませんでしょ。国も道も本当に再生を考えているのか」

宮崎県の東国原知事を意識したような緑のジャンパー姿に、しかめ面の藤倉市長を、翌日の各紙は大きく掲載した。いらだちの表明は、総務省、道へのアピールだった。市民も応援してくれるはずだった。

◇ ◇

ところが、市長の「いらだち」は地元で評判がよくなかった。60代の無職男性は「覚悟して市長になったのではないか。不満の前にすることがあるのでは」と言い放った。別の70代の男性も「分かっていて市長になったんじゃないのか」と冷たかった。

市長の出張旅費についてはその後、相手側が旅費を負担する場合に限り、出張が可能なように、市が条例を改正した。これを受け、市長は全国を飛び回った。東京や大阪で夕張メロンを販売したり、九州のデパートの物産展に行ったり…。

ところが、今度は市職員の反感を買った。給与の3割減などで市職員の早期退職が相次いでいるにもかかわらず、「外ばかり飛び回って足元を見ていない」と批判が上がったのだ。

一方で、藤倉市長は6月から毎週金曜に新たな取り組みを始めた。札幌などから毎週違った講師を招き、講演してもらう自由参加の勉強会だ。講師は、報酬は出せないから市長のつてなどで頼む。その名も「夕張金曜未来塾」。

「庁議」と呼ばれた幹部会議は「お役所言葉で分かりにくい」と、「部門長会議」に改めた。市役所の呼び名も「株式会社　夕張」とし、職員に実績主義やスピードを求めた。

呼び方の変更はささいなことだが、職員の意識改革を図る第一歩と考えたのだろう。いずれも、信頼を取り戻すための取り組みだ。だが、市民に、こうした取り組みはほとんど知られていない。

◇　◇

市長の意欲が空回りしているのではないかと感じることも多い。未来塾は5月から6月にかけてたった4回開いただけで、休眠状態だ。部門長会議でも、市長はヒラの職員にも参加して意見を出すよう呼びかけたが、あえて出席しようという職員はほとんどいない。

若手職員からは「市長は行政の経験はないが、行政を知らないからこそできることもあるはず」「市長はもっと市民の中に入っていって、市民の声を聞いて欲しい」などの声も聞く。市民が「市役所が変わった」と認識することから、信頼回復は始まるはずだ。町内会の小さな会合にも顔を出すなどして、市長の考えを伝えることが必要となるのではないか。

「救世主」医師がやってきた

２００７年４月１日。新体制の市役所がスタートしたのと同時に、巨額の赤字を抱えていた旧・夕張市立総合病院も、規模を縮小して、医療法人「夕張希望の杜《もり》」が運営する夕張市立診療所（夕張医療センター）として再オープンした。

１日から週明け月曜の２日にかけては、診療所のほか第３セクターから民営となったホテル、市役所の取材と、報道陣はてんてこ舞いの忙しさとなった。私はさらに、全国版の連載「検証　夕張の誤算」、北海道版の連載「夕張　重い新体制」、地域版共通の連載「夕張発」と、何と３本もの連載に追われ、まだ雪がたっぷり残る市内を駆け回った。

再出発した診療所は、市立病院時代に10あった診療科を大幅に減らし、家庭医的な診療を行う「総合診療科」を含め、歯科、整形外科、眼科を設置。軽症の救急患者のみ、市内にある他の４診療所と協力して対応することにした。

医療スタッフは69人。診療所移行に伴い、市立総合病院の医療職全１００人以上が解雇されたが、うち43人が診療所のスタッフに採用された。

夕張医療センター

率いるのは、救世主のように現れた地域医療の第一人者、村上智彦医師(46)だ。「資金面が大変だが、できると信じている。夕張再生のために頑張りたい」。村上医師は抱負を述べた。

◇　◇

村上医師が初めて夕張を訪れたのは、2006年12月のこと。夕張市立総合病院の講堂で、熱っぽく語り始めた。「医療機関は病気のプロだが、健康のプロではない。市民自身が健康への意識を高めることが大切です」「高度な医療が必要な患者は1000人に1人。地方に必要なのは、何でも診られる総合医です」

45億円の負債を抱える市立病院は、市が財政再建団体になる新年度から、民間に運営を委ねる「公設民営」の医療機関になる。しかし、市から委託費などの資金は一切出ない。この割に合わない仕事を、村上医師は引き受けることを決意し、この講演の前に、病院の受け皿として、自分を代表とする医療法人の設立を道に申請していた。講演は「市民や職員に自分の考え方を知っておいてもらいたい」との願いからだった。

財政が破綻した夕張市にわざわざ来てくれる先生とは、いったいどんな人なのか。講堂を埋め尽くした市民の視線が、村上医師に注がれた。

かつては10人を超えた時期もあった市立病院の常勤医はそのとき、わずか2人に減って

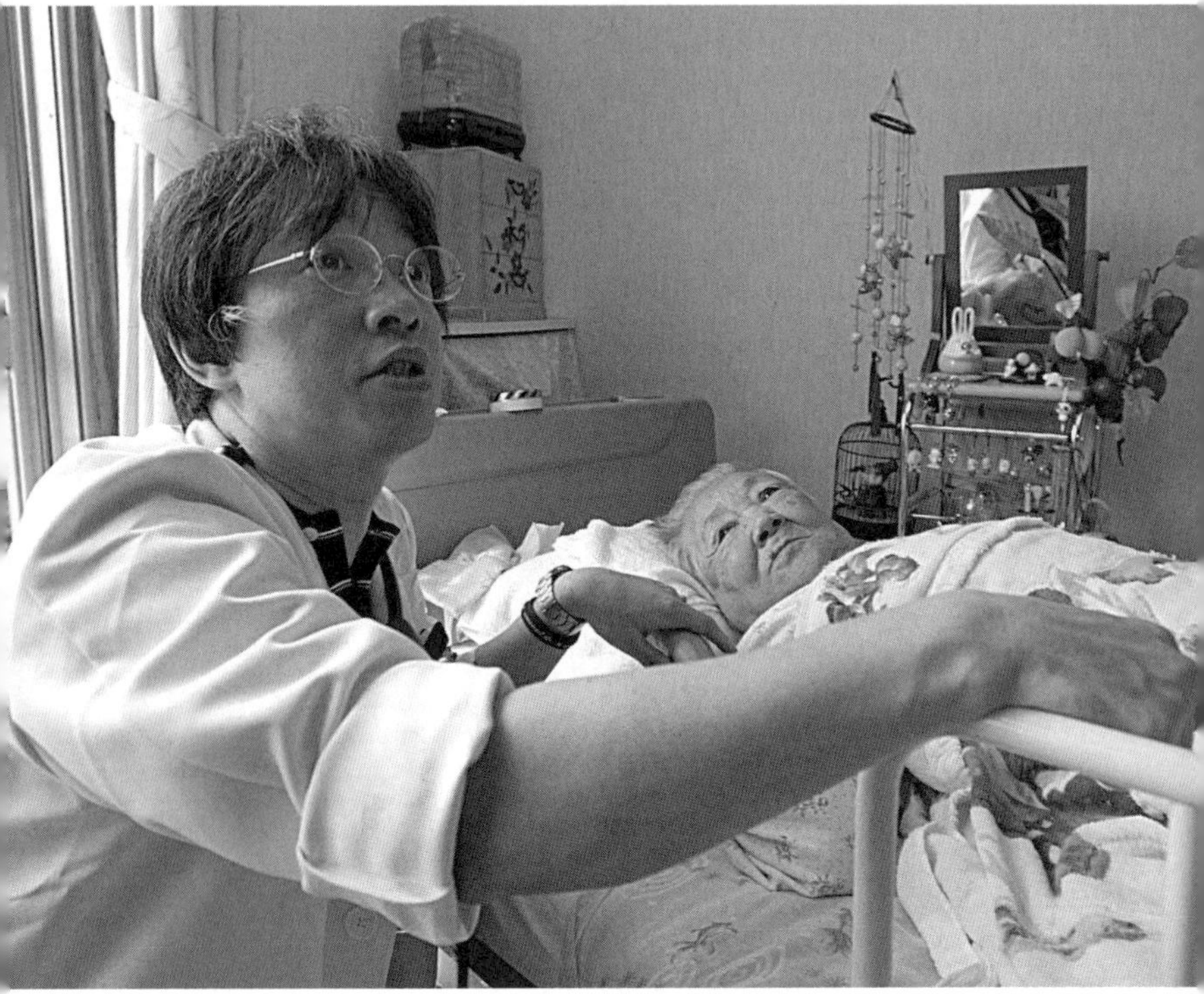

村上医師

いた。講演からしばらくたったクリスマスの日、村上医師はまず、病院の応援医師として夕張に赴任した。そして4か月後、病院を引き継いだ。

◇　◇

村上医師は、夕張から約200キロ北の旧・歌登《うたのぼり》町（現・枝幸《えさし》町）の出身。薬科大を卒業し、道内の病院で薬剤師として勤務した。

しかし、そこでは経営最優先の医療が行われていた。患者に少しでも多くお金を払わせようと、薬の量を増やし、必要とは思えない検査を受けさせる。何度か病院に改善を提案したが、その都度、却下された。

自分自身が医師にならなければ、正しい医療は実現できない。そう考え、病院を辞めて医大を受験したのが27歳の時。32歳で医師になり、5年間、離島やへき地を巡って経験を積んだ。

村上医師の原点は、生まれ故郷にある。北海道は医師が足りない。村上医師自身、歌登町に産婦人科医がいなかったため、病院ではなく自宅で生まれた。そんな古里にふさわしい医療は何かを突き詰めた結果、病気にならないための工夫をする予防医療の考え方に行き着いたという。

39歳で赴任した道内の旧・瀬棚町（現・せたな町）での取り組みで、村上医師は脚光を浴びる。町唯一の診療所の所長として、肺炎球菌ワクチンを接種する際の公費補助を全国で初めて導入。保健師と一緒に町内を回り、予防医療の大切さを説く「健康講話」などの活動も進めた。

この取り組みで、町の1人当たりの老人医療費は大幅に減った。取り組みは「瀬棚方式」と呼ばれ、追随する自治体も相次いだ。しかし、2004年秋に町が他の2町と合併し、医療行政が村上医師の考え方とは変わったのを機に、新潟県湯沢町の保健医療センターに移る。

ここでも、村上医師は町民の信頼を受け、予防医療に大きな成果を上げる。しかし、夕張市立総合病院の経営状態を診断した知り合いの医療経営アドバイザーから2006年秋、夕張への赴任を打診され、「行く」と即答した。夕張市は高齢化率（人口に占める65歳以上の割合）が41%と、全国の市で最も高い。「それだけに、やりがいがある。夕張は、高齢化が進む日本の未来像。ここで成功すれば新たな医療のモデルになる」のが理由だった。

診療所は、これまでの171床の総合病院を、19床の診療所と40床の老人保健施設にし、往診による在宅医療も組み合わせた。今後は、空いた場所に託児所や娯楽施設を作り、まちおこしの拠点にしたい……。構想は膨らむばかりだ。夢を持って運営したいと、医療法人の名は「夕張希望の杜《もり》」とした。

妻と3人の子どもは札幌市に住み、自分はずっと一人暮らしを続ける覚悟だ。毎朝、8時前には病院に姿を見せ、帰宅が深夜になる日も少なくない。

２００６年の大みそかは、宿直勤務をこなし、カップめんの年越しそばを食べて、病院で新年を迎えた。そして、地元の夕張神社に足を運び、「いいスタートを切れますように」と願を掛けた。

医師法の第1条にこう書かれている。〈医師は、医療及び保健指導を掌《つかさど》ることによって公衆衛生の向上及び増進に寄与し、もって国民の健康な生活を確保するものとする〉

日ごろから、この条文をよく口にする。「医師として当たり前のことを、普通に進めていきたい」。思いは一貫している。

◇　◇

夕張市立総合病院の前身は、１９１０年（明治43年）に開設された夕張炭鉱病院だ。市は１９８２年（昭和57年）、北海道炭鉱汽船夕張新炭鉱の閉山を受けてこれを買い取り、夕張市立病院となった。翌83年に救急告示病院、86年に総合病院の承認を受けた。かつて、病院では看護師を養成する学校も持っており、今でも3階にはナイチンゲールの白い像が置かれている。

だが、病院は市の人口減とともに患者数が減り続け、逆に赤字は増え続けた。そんな病院の処理は、市が財政再建計画を策定するときにも、第3セクターの処理とともに大きな障害となった。

財政破綻発覚のあと、市は病院の経営診断を東京の公認会計士に依頼した。その結果報告が、2006年8月30日に市立総合病院の2階講堂で行われた。会場には、病院スタッフをはじめ、後藤健二市長や岡崎光雄市議会議長、道職員、報道関係者など約80人が集まった。

診断の柱は、市が病院の建物を保有し、経営主体は指定管理者制度を活用して、医療法人などに譲渡する方法だった。病院事業会計が、一般会計の赤字を表面化させないための「隠れ蓑《みの》」となっていた点を重視し、病院と市の会計を完全に切り離すべきと判断したのだ。

運営の民間委託に伴い、医療職員は原則、全員がいったん解雇される。しかし、新経営者は再就職希望者の選考を考慮し、再就職できない職員は市が最大限配慮するようにとの注文も付けた。

注目されたのは、医療スタッフ63人から回答を得た聞き取り調査だった。「医師不足」「自由に物が言えず組織として機能していない」「市民の信頼を失っている」

これを踏まえ、診断では「治療を受ける市民の目線を無くし、医師や看護師の心をつかめなかったことが厳しい状況を作った」と指摘。さらに、救急搬送体制にも苦言を呈した。

総合病院の常勤医師は、内科、整形外科、歯科医のみで、心疾患や脳疾患などの重症患者の治療は事実上不可能な状態だった。だが、市消防本部は救急患者全員をいったん総合病院に搬送しており、「人命を軽視した、極めて問題のある行為」と指摘した。

こうした搬送は、1982年に市が病院を買い取って以来、慣例だったという。かつては、外科などの医師もいて医療体制が充実した時期もあるが、市の弁明は無責任なものだった。「救急車が病院探しをする必要がないなどの理由で続いていたのではないか」

◇　◇

夢を抱いて診療所をオープンさせた村上医師だったが、現実には財政再建団体入りした夕張で、病院を運営することは容易ではなかった。診療所のオープンから2か月後、村上医師は夕張を視察した総務省の土屋正忠政務官にかみついた。「我々は頑張るが、最低限の医療を守る体制を作ってほしい」

老朽化した診療所施設は、想像以上に傷んでいた。さらに、診療科を減らして診療所規模を小さくしたものの、施設は使用していない部屋にも暖房が行き渡る全館暖房方式で、余計な燃料費がかかった。村上医師はやむなく、個人で1億円を借金し、運営に充てた。

財政再建団体に移行する前、後藤健二前市長は最低限の補修は行うと約束していた。これも、なかなか実現しなかった。市が財政再建計画を変更し、病院補修のために1100万円の補正予算をやっと組んだのは開院半年後のことだった。

診療所と市役所との関係も、スムーズにはいかなかった。中でも、対立したのは救急患者の受け入れ問題だった。市消防本部は、「市立」と冠の付く診療所なのだから、ほかに市内に5つある民間医療機関より優先的に救急患者を受け入れて欲しいと頼んだ。

これに対し希望の杜は、市から診療所の運営費をもらっていないのだから、市内のほかの民間医療機関と同様の対応にすべきとした。ほかの病院への搬送も、救急隊員が探すべきだと主張した。

11月には、希望の杜が藤倉市長あてに公開質問状を出し、姿勢を質したこともあった。発端は、希望の杜がかかりつけ医を持つことを勧めたり、診療所に併設した介護老人保健施設の利用などを呼びかけたりするチラシを、市広報誌に折り込むよう求めたことだ。ところが、市は「特定の医療機関の利益誘導に当たる」として断った。

村上医師は、記者会見で「公設病院なのに、市は地域医療の具体的施策を示さずに全部丸投げしている」と不満を隠さなかった。しかし、市の回答は「地域医療は市内のすべての病院と連携して行う考えを持っている。単独で折り込みの要請があったので、ほかの医療機関と調整しようと思ったが時間が無かった」とあいまいだった。

一連の動きは、新聞報道され、市内外に波紋を投げかけた。札幌市の医師は「公開質問状などという場面まで行ったら、市と診療所の互いの関係は終わり。診療所はもっと、市とゆっくり話し合うべき」、江別市の医師も「なぜ広報誌のような小さな問題で、公開質問状というような先鋭的な対立になるのか」と心配した。市民も、市立診療所の行方を案じた。

うれしいニュースもあった。希望の杜が常勤医師2人を公募したところ、村上医師の生き方に共鳴して、全国から地域医療に関心のある9人もの医師が応募したのだ。道内の地方の病院は、どこも医師の確保で苦しんでいる。「7人に断った」という話を聞いた道内の自治体関係者は、うらやむばかりだった。

◇　◇

7月、新たに赴任したのは東京慈恵会医科大（東京都港区）の永森克志さん（35）と、医療法人長生会府中病院（大阪府和泉市）の田谷智さん（38）だ。2人は、なぜ都会での勤務を中断し、夕張への赴任を決めたのか。

「短期研修のような形で医師を受け入れるシステムを作れば、地方にも医師は来る」と永森さん。赴任は、村上医師のそんな地方での医療に対する考えに共感したからだという。夕張をモデルに、過疎地域で医師確保ができるシステムが作れればと思っている。

永森さんは、父も医師だが、医師としての原点は祖父にある。富山県の農村で診療所の医師をしていた祖父は、学校の健康診断などを行う「町のお医者さん」だった。幼いころ、夏休みなどで両親の実家に訪れるたびに見た祖父にあこがれた。

大学は、父と同じ医大に進んだ。一方で、大学病院勤務で仕事ばかりの父に反発した時期もあった。「だから、家族といたかった」。夕張には妻、4歳と0歳の娘と赴任した。北海道は、医大に進む前の浪人時代に1年間、親類の家で勉強した地。今回は「北海道への恩返しの意味もあります」と話す。

田谷さんも、村上医師の影響が大きかった。兵庫県に生まれ、大学・大学院で化学を専攻した後、大阪の製薬会社の技術者になった。転機は1995年1月の阪神・淡路大震災。交通機関が不通となり、1週間自宅で待機した。一部復旧した後も不便は続き、会社に寝泊まりする日が続いた。

そんな中、薬剤師の資格を持つ多くの同僚は、ボランティアで医師と共に被災地を回っていた。「自分もすぐに駆けつけられれば」。1年間迷った末に退職し、医大に入り直した。総合医である村上医師のことは、報道で知っていた。3月上旬に夕張を訪ね、「自分にもできるだろうか」と問いかけると、村上医師は「人を助けたくて医師になったはず。そんな原点に戻れる場所です」と答えた。その言葉に共感し、夕張への赴任を決めた。

医療に携わる上での理想は、四国のある医師が提唱した「満足死」。客観的な基準ではなく、あくまで患者の意思を尊重し、本人の希望通りの場所で最期を迎えるという方法だ。「そんな医師を目指して、夕張で何でも吸収したい」。2人の医師から、医療に対する真摯《しんし》な姿勢が伝わってきた。

子どもたちを覆う破綻の影

ようやく春の日差しが降り注ぎ始めた2007年4月6日、夕張市内の小学校でも入学式が行われた。市内の新入学児童は、全市で昨年より25人少ない49人。7校中、入学者ゼロの1校を除き、6校で新1年生を迎えた。

このうち、市立夕張小学校（飛渡順二校長）は、たった1人の入学式。4月15日告示の市長選に立候補する父親に連れられ、3月に千葉県から引っ越してきた若林丈仁君（6）だ。同じクラスとなる2年生5人に迎えられた。全校児童は19人。若林君は緊張した様子だったが、名前を呼ばれると「はい」と大きな声で返事をし、「友達100人は無理だけど、友達をいっぱいつくりたいです」と目を輝かせた。

◇　◇

市の財政破綻の影響は、小中学校にも及ぶ。夕張が最もにぎやかだった1960年前後には、市内の児童・生徒数は小学校22校、中学校9校で3万人いた。しかし、現在はわずか600人余り。人口が10分の1になったのと比較しても、子どもの減少は50分の1と際立っている。

3月末には市職員の半分の約150人が退職しており、今後は夕張を去る人も少なくない。そうなれば、子どもの数はさらに減る。市は、小学校7校、中学校4校を各1校に減らす計画だ。夕張は南北35キロ、東西25キロ。市中心部に学校を統合すると、南北端の地域からはスクールバスで約40分。冬は積雪の影響で1時間以上かかることも予想される。子どもを核とした地域の交流も薄れる。「再建団体入りで、どんな状況になるのか」。小林信男・市教育長はため息をつく。

353億円に上る借金を返済するため、子どもたちへの負担も18年に及ぶ。すでに昨年、市立図書館と美術館が廃止されている。さらに、財政再建計画で4月から子育て支援センター、家庭児童相談室、小中学校鑑賞教室、乳児の6、7か月健診など、子どもの生活に関する10の事業が廃止された。市民からは「これ以上、よくなる見通しのない夕張で、新たに子どもを育てようと思う人はいるだろうか」との不安の声が漏れる。

小中学校の運営予算も、これまで暖房費や電気代を節約したり行事を減らしたりしてきたが、今後は一層の削減が避けられない。1人いる外国人英語教師を、7月以降は継続雇用しないことも決まった。小中高校の合同音楽発表会では、調律費がかかるピアノに代わって電子オルガンが使われることになった。

◇　　◇

◆夕張市内の小中学校

市の人口1万2798人（2007年1月末現在）のうち、15歳未満の年少人口の割合は全国の市で最低の7％。年間出生数は50人前後で、数年後には40人台に落ちると推定されている。

対照的に、65歳以上の高齢化率は全国の市で最高の42％に達している。市民10人のうち4人が高齢者で、中学生以下の若者は1人いるかいないか——という状況だ。少子高齢化は、将来の税収などにも影響を与えるだけに、この数字は夕張の将来にとって厳しい。

市内の小学校で最も古い97年の歴史を持つ市立滝の上小は、夕張メロンの栽培農家が点在する市最南部の農村地帯にある。全校児童は10人。徒歩通学だが、1メートル以上も雪が積もる冬は、市が委託したタクシーで仲良く登下校する。しかし、そんな光景も間もなく消える。

◇　◇

「財政再建のためとはいえ、統廃合は残念としか言いようがない」。メロン農家の一人で、長男(12)と長女(10)が滝の上小に通学する神能《じんのう》博明さん(47)は肩を落とす。

滝の上小は、メロンの収穫や集荷場検査の見学といった特色ある授業を地域ぐるみで展開してきた。運動会や学芸会には家族以外のお年寄りや農家の人たちも参加するなど、「地域の核」としての役割も担ってきた。

神能さんは、祖父の代から滝の上小に通学しており、子どもたちが4代目。「学校を通じて子どもたちが地域や農業への愛着や理解を深め、農業を継いできた。その循環が断ち切られてしまう」と訴える。妻美奈さん(44)も「私たち母親にとっても、子どもの入学が地域社会への入り口になってきたので……」と不安を募らせている。

不安が高じて、わが子を市外の学校に、と検討し始めた家庭もある。来春、小学校に入学予定の長女を抱える主婦(33)は「学校に慣れたころに統廃合となれば、それは転校と同じで、友だち付き合いも難しくなる。それがわかっていて入学させるのでは、子どもがかわいそう」として、札幌に転居することも考えている。ただ、夕張市内の会社勤めの夫(35)を残したまま、と思うと容易には踏み切れず、苦悩する日々が続く。

◇　◇

教育への不安の一方で、自分たちの手で子どもたちを守り育てようという動きも市民から出ている。

沼ノ沢地区に住む介護福祉士本保るり子さん(27)は、長女さくらちゃん(3)、生後7か月の二女そらちゃんを育てながら、「ゆうばり再生市民会議」の運営委員として活動している。市民会議は、市民が知恵を出し合い、市民主体の街づくりを進めようと、藤倉肇市長の提唱で6月下旬にスタートした。本保さんが取り組んでいるのは、6、7か月健診の復活。「離乳食が始まる大事な時期の健診すら廃止では、若い人はますます市外に出て行ってしまう」。本保さんの勤務する特別養護老人ホームの一室や、ホームにいる栄養士を活用できないか、検討している。

「今が最低の状況。これからきっとよくなる。子どももお年寄りも安心して暮らせる街にしたい」。一度は市外への転居を考えた本保さんは、娘2人を夕張で育てる決意をしている。

5月には、子どもの読書文化を守ろうと、夕張の主婦らを札幌、旭川などの主婦も応援して「夕張子ども文化の会」（愛称「かぜちゃる」）が発足した。夕張市の財政破綻で図書館が廃止されるなど、読書の機会が奪われているためだ。

市は、4月から図書館に代わって図書コーナーを保健福祉センター内に開設した。しかし、蔵書数は図書館の3分の1の2万冊、職員は嘱託1人、図書館予算はゼロ。新刊本はもちろん、新聞や雑誌も購入できず、夕張の活字文化の水準低下が懸念されていた。

読売新聞夕張支局で発足の会を開いた園泰子代表（夕張市）は「未来を担う子どもたちに、できるだけ良い文化環境で過ごしてほしい」という。会では今後、読み聞かせボランティア養成の講習会や、保育園や小学校での読み聞かせ、児童文学に関する講演会などを行う計画だ。

◇　◇

「夕張メロンには、財政破綻の影響がほとんどなかったんですよ」

北海道夕張市立清水沢中学2年の小野真如月《きずな》さん（14）は、9月初めに完成した新聞を前に、声を弾ませた。

小学6年の時から、親友で同級生の島谷《しまや》祐希さん（14）と夏休みに新聞を作り、「わがまち新聞コンクール」（日本新聞教育文化財団主催）に出品している。

2007年のテーマは「夕張メロン」。「これからの夕張を支えるのは、これしかない」

と考えたからだ。２人で生産者らを取材してパソコンで編集し、１か月余りで作り上げた。

小野さんは「農家が市からあまり支援を受けず、独自でやってきたから、破綻しても価値は落ちなかった。何でも市役所に頼っていたらダメだなと思った」と話す。

夕張の暗いニュースが連日伝えられていた２００６年７月。中学校の社会科教師が生徒たちに新聞の社説を配って説明した。市が観光開発で膨れ上がった借金を巧妙に隠していたことを知った。

「ダメじゃん」「市役所が悪いじゃん」。男子生徒が口々に言い、市職員を親に持つ女子は「市役所ばかり責めないで」と口をとがらせた。

間もなく迎えた夏休み。２人はテーマを「財政破たんした夕張の現状」に決めた。しかし、互いの記事を交換してチェックする段階で意見が食い違った。

小野さんは「市役所が悪いのは事実。悪いところは悪いと書くべき」。島谷さんは「テレビや新聞と同じように批判するだけなら、作る意味がない」と主張した。父（33）が市職員だったので、市役所批判は「少しつらかった」。２人で話し合い、一文ずつ見直していった。

完成した新聞は「わがまちの明暗」との見出しで、破綻に至る経緯や現状のほか、子どもたちで作る太鼓保存会の活動やフリーマーケットなど、明るい話題も載せた。「市民も

『誰が悪い、何が悪い』と責めるより、みんなで助け合い協力して少しでも早く夕張を立て直せるように努力していかなければならないと思います」。島谷さんが最も伝えたかった一文だ。

その新聞「I　LOVE　夕張発信局」は、コンクールで最優秀賞に選ばれた。報道で知った全国の見知らぬ人たちから「新聞を送って」などと大きな反響があった。

市の40代男性職員は「2人の視点はすごい。自分たちの街を真剣に考える前向きな姿勢は見習わないといけない」。

2人は、来年のテーマも決めている。財政再建団体になって1年余の夕張がどう変わったのか紹介するつもりだ。

島谷さんの父は2007年7月、市を退職し、再就職先の札幌市に引っ越した。島谷さんは、中学卒業まで夕張の祖父母宅に残ることにした。2008年夏の第4号が、2人で作る最後の新聞となる。

「少しずつ借金を返すのと同時に、少しずつ夕張が明るさを取り戻してほしい」と小野さん。「再建計画が進んでいるということは、暗い方向に向かっているということじゃない。夕張が明るくあってほしい」と島谷さん。その願いを紙面に込めたいと思っている。

「夕張リゾート」再出発

２００７年４月27日、閉鎖されていた市内の12の主要観光施設が、半年ぶりに営業を再開し、久々ににぎわいを取り戻した。

石炭の歴史村内にある石炭博物館では、午前９時半の開館と同時に２泊３日の研修旅行で訪れた北海道深川市の深川東高校の生徒１３０人が入館。台湾から来た約30人のツアー客や、再開を待ちわびた地元の元炭鉱マンの姿も見られた。

運営するのは、札幌の大手観光会社「加森観光」が設立した子会社「夕張リゾート」。市の負債の大きな要因となってきた観光施設の運営を、４月から引き継いだ。観光再生の目玉として導入したのが、１枚（大人３１５０円）で石炭博物館など主要施設を利用できる周遊券「ぐるっとパス」。施設ごとの単館入場チケットは廃止した。

その理由を、西田吏利社長は「人気館で不人気館をカバーしながら、不人気館を改装して元気にしたい」と説明する。初年度は、昨年度売り上げの８割程度を見込んでおり、１年間は様子を見ながら体制を整えたい考えだ。

再開した「石炭博物館」を見学する高校生ら

石炭博物館の再オープンに、前館長の熊谷隆文さん（49）は感慨深げだった。館長職を解かれ、単なる担当者となったものの「ここは夕張の顔。やりがいを感じます」と、笑顔もこぼれた。

炭鉱の歴史を伝える博物館の目玉は、本物の坑道が保存された見学施設。2002年から館長を務め、06年10月の閉鎖後も毎日、坑道を支える木柱などを点検した。「腐るから絶えず見ていないと。ヤマは生きているんです」

◇　◇

熊谷さんは夕張で生まれた。祖父は炭鉱マン。両親は炭鉱労働者に納豆を売っていた。商売は繁盛し、炭鉱のおかげで東京の大学に進むことができた。

しかし、めったに実家に戻れない。夕張で撮影された映画「幸福の黄色いハンカチ」がどうしても見たくて、アルバイトをして映画館に通った。石炭博物館ができると聞き、在学中に迷わず学芸員の資格を取った。

市が財政破綻し、博物館も閉鎖された。直後から、施設の存続を望む声が道内外から寄せられた。「かつて産業を支えた炭鉱を知らずに、日本の歴史は語れない」。その思いは日に日に強くなり、市から運営を引き継いだ会社に再就職した。

営業再開の日、新しい夕張市長が初登庁した。炭鉱と共に歩んできた夕張市が、再建に向けて新たな時を刻み始めた。「ここは夕張の歴史の原点。市民の財産を預かった、責任ある仕事です」。そう気を引き締めた。

◇　◇

しかし、市立診療所と同じく、観光施設も順風満帆とはいかなかった。5月のパス利用者は3627人で、大型連休中も2500人止まり。昨年の「歴史村」入場者数より、大幅に減っていた。

不人気の原因は、夕張の破綻した暗いイメージに加え、目玉として夕張リゾートが導入した「ぐるっとパス」にあった。オープン初日、初めて石炭博物館を訪れた北海道芽室《めむろ》町の男性(55)は「3150円はちょっと高い」と話した。施設間が最長で5キロ以上離れており、「全部の施設は回れない。近くにある施設だけ見れば十分」だからだ。博物館入り口の前では「博物館だけみたいのに、これでは」と、高い料金を敬遠してUターンする観光客の姿も目立った。地元でも「これまでのように、地元の人がふらりと行くことが、なかなかできなくなった」と批判した。こうした声は、日を追って強まった。

観光シーズンに入ったというのに、町には観光客の姿はほとんどない。リゾートが巡回するバスにも、客の姿はほとんどなく、カラのバスがむなしく市内を走り回っている。

観光客に大きく依存する本町地区の飲食店街も大きな打撃をこうむり、「お客は昨年の

3分の1もない」と嘆く店もある。市内には、特産の夕張メロンを販売する専門店が10店以上あるが「観光客が減り、売り上げは昨年の半分以下」との声も聞こえてきた。

◇　◇

「ぐるっとパス」にこだわっていた夕張リゾートは7月下旬、市美術館、夕張鹿鳴館、幸福の黄色いハンカチひろばに限定した単館チケットを導入した。6月、西田社長が読売新聞の単独インタビューに応じた。

——3施設で単館チケットを発行する理由は。

「大型連休を挟んで、お客様の利用形態を見て判断した。もともと3施設は、石炭の歴史村から離れている。3施設には、周遊バスでなくマイカーや団体バスで行く人が多い。効率化を図るため、3施設行きの周遊バスを減らす。その一方で、歴史村内にバスを走らせ、利便性を高める」

——ほかの施設は、引き続きワンペイを続けるのか。

「閉まっている施設があると見栄えがよくない。13の施設を開けるにはどうすればいいかと、始まったのがワンペイ。単館では人件費などコストもかかる。不人気施設の改修を進め、価値を高めたい」

——老朽化が進む施設も多いと聞く。

「石炭博物館で地下水をくみ上げる装置がだめになりそうで、取り換えに1500万円かかる。SL館は地盤沈下し、鹿鳴館は開業前に屋根が落ちていた。ロボット館や動物館はすぐにでも改修したいが、国の起債の関係で、制約がいろいろある。委託前には知らされていなかった」

――いつごろをめどに軌道に乗せる考えか。

「最低、準備に1年は必要だ。2年目にいかに魅力的な施設にするか。相当な投資が必要だが、やると決めた企業のプライドがある。信念を持ってやっており、魅力アップのプランを考えたい」

◇　◇

夕張リゾートは、業績回復のために様々な手も打った。その1つが「負の遺産、繁栄の歴史も含め、夕張を丸ごと見てほしい」との思いで企画した「夕張ドキュメンタリーツアー」だ。石炭博物館のほか、市役所や市立診療所など財政破綻を語る上で欠かせない場所を2時間かけて回る。

地元の人との対話が特徴だ。NPO法人「ゆうばり観光協会」メンバーらにも参加してもらい、交流会を開く。藤倉肇市長や西田社長、市職員関係者などに講師として参加してもらえるオプション(有料)も設けた。交流会(1時間)も含めると、全部で3時間のコースだ。

料金は1人5250円（周遊券「ぐるっとパス」付き）で、20人以上の団体を基本に受け付ける。「通過型観光」にならないよう、市内宿泊を参加の条件とした。初回の7月11日は、横浜や京都、大分などから22人（道内は2人）が参加した。ユニークさが注目されたのか、取材する報道陣も多く、東京からも取材に来た。

オプションで藤倉市長も顔を出した。「観光の主要施設だけで325億円かけた。ハコモノを並べるだけでは客は呼べない。武士の商法だった」と、過去の観光行政を手厳しく批判。「炭鉱街の名残で市民の依存度が高いが、借金を払い終えたときに自立の街になるようにしたい」と講演した。最後は、自慢ののどで炭鉱時代の民謡「黒ダイヤ音頭」を披露するパフォーマンスまであった。

3町が合併して2005年10月に誕生した大分県由布市の市議7人と市職員1人の一行は「地方の財政はどこも大変。究極の行財政改革を学びたい」と参加した。高橋義孝市議（40）は「石炭博物館は歴史的な価値がある」と感動した様子で、「行政が何をしてくれるかでなく、自分たちが何をできるかと、発想を変えなければいけない」と話した。

ドキュメンタリーツアーにはその後も、「教訓にしたい」と国内はもちろん、韓国からも政府関係者らが訪れ、初年度の参加者は最終的に約300人に上った。

一方、好調な企画があった半面、夏休みに行ったプラモデル製作教室やアニメ上映会など、夕張との関連が薄い企画は不調だった。こうしたやり方は、夕張市の3セク時代に取っていた手法だ。

◇ ◇

10月21日に夏季営業を終えるのを前に、西田社長に初年度の評価を聞いた。「初年度は準備段階。もともと観光客が増えると思っていなかった」

入場者数は伸び悩び、結局、8月末までの「ぐるっとパス」の購入者は2万3725人。パス購入者のほぼ全員が訪れる石炭博物館で比較すると、昨年同期の入場者(5万615人)の半分以下だ。施設の展示を変える時間がなかったうえ、財政破綻の暗いイメージも影響したと西田社長はみている。

観光客数は減ったが、収支は目標としたプラスマイナスゼロを確保できる見通しという。「ぐるっとパス」の単価が高いことや、人員配置の見直し、3セク時代の無駄な経費を大幅に削った成果が大きい。しかし、これにも市の商店関係者からは「観光施設は巨額の税金をかけた市民のものでもあるはず。それなのに、市民のことも考えず、自分の会社だけよければいいのか」との批判は強い。

「行政におんぶ」からの脱却

炭鉱全盛期、炭鉱労働者には会社が無料で住宅を用意し、水道や光熱費も負担していた。その名残はまだ消せない。

２００6年秋の再建団体移行に向けた住民説明会でも、市は市営住宅に入居する６１３世帯が、総額3億３４００万円の家賃を滞納していることを明らかにした。市全体で６６００世帯のうち、４０００世帯が公営住宅に入居する。滞納世帯は20％を超え、払えるのに払わないケースが多く、18年間で総額５４０万円を滞納している世帯もあった。しかし、行政に甘えていた市民にも、意識の変化は表れ始めた。

◇　◇

5月。私たちは市北部にあった臨時支局から、市中央部の清水沢に支局を移転した。江別市から通っていた支局長は、奥さんと犬、猫と支局内に設けた支局長住宅に引っ越し、夕張市民となった。岩見沢から通っていた私も、間もなく、支局近くのアパートに引っ越すことになる。

新聞記者にとって、遠隔地から通勤するのと、地元に住むのでは大きな差がある。地元に住んでみて初めて、市民の姿、街の雰囲気がわかってくることがある。地元の人たちから「同じ夕張市民」として信頼感も得られる。

私たちと街の人たちとは、すっかりなじみになった。様々な本音も聞けるようになった。その中で、夕張再生を目指して頑張る市民の姿も少しずつ見えてきた。

◇　◇

南部地区は、市役所から約18キロ。南北に集落が点在する夕張で、東に枝分かれした「陸の孤島」のような地域だ。生鮮食料を売っている最も近い店は、8キロも離れた支局前のコンビニエンスストア。

この南部地区で、4月から新たな挑戦が始まっていた。「必要な施設だから、みんなでやろう」。市が廃止を決めた地域唯一の集会施設「南部コミュニティセンター」を自主管理しようと、住民らが立ち上がったのだ。

夕張最後の炭鉱・三菱南大夕張炭鉱の全盛期の1950年代には、7000人以上が暮らしていた。90年の炭鉱閉山で人口は減少し、今は約850人。お年寄りが多い。大きな商店は無く、最寄りの市街地の清水沢地区まで約8キロの道のりだ。それだけに、「コミセン」と親しまれるこの施設は、葬儀も町内会の集まりもすべて引き受ける地域の中心的存在になってきた。

２００６年11月、市が打ち出した廃止の方針に、住民は「どこで葬儀をすればいいんだ」と反発した。財政再建に必死の市は「お金はもう出せない」と、年60～70万円の光熱費などの支出を拒んだ。すでに、市役所の出張所「南部連絡所」の廃止も決まっていた。地域唯一の幌南小学校（全校児童27人）、幌南中学校（全校生徒10人）は２００８年3月で廃校になる。さらにコミセンが無くなれば、南部地区はますますさびれる。地域で本当に必要なものは何か――。自治の原点に返り、住民自身が出した結論が、自主管理だった。

4月12、13の両日、自主管理になって初の葬儀があった。トイレ掃除も鍵の管理もすべて利用者らで行い、無事終えた。葬儀委員長を務めた南部東町の町内会長、杉山勝美さん(74)は「年寄りばかりだから、最後の1人になれば、どうなるか分からない。でも、『南部は一つ』との気持ちで、力を合わせてやっていきます」

杉山さんはこれに先立ち、閉鎖された清水沢健康会館（体育館）の自主管理も始めていた。体育館は、フットサル、バドミントン、太鼓など、地域の若者を中心に、１５００人の利用者を数えていた。

存続させるためには、市からこれまで出ていた暖房費、電気代、除雪費など年間２４０万円を自分たちで負担しなければならない。利用料はこれまでの50％増しにならざるを得なかったが、杉山さんは無償で管理人を引き受けた。杉山さんの奮闘ぶりに、町内会も動き、除雪を買って出てくれるようになった。

◇　◇

ゴミ問題でも、市民は立ち上がった。

夕張市のゴミ事情は危機的だ。市は、ゴミ焼却施設からダイオキシンが検出されたため、2002年度で施設の使用をやめた。以後、可燃・不燃の区別なく、すべて富野一般廃棄物最終処分場1か所に埋め立てている。

しかし、1987年度に25万1600平方メートルあった処分場も、あと10年でいっぱいになってしまう。その後の処理をどうするか、見通しはついていない。

市はようやく、2007年7月からゴミ処理を有料化することに踏み切った。道内ではすでに、8割以上が有料化されており、遅すぎた措置だ。

これに合わせ、市内の主婦らが集まり、自分たちでゴミを減らす取り組みを考え始めた。ゴミ分別の方法などを「主婦の知恵袋」と題してまとめ、新聞の折り込みチラシとして市民に配った。その後も、ゴミ問題での行政との話し合い、ゴミ減量化などに取り組んでいる。

◇　◇

11月には、財政破綻から閉鎖されていた夕張市民会館が、市民の手で再オープンした。

市民会館は、ゆうばり国際ファンタスティック映画祭のメーン会場となるなど、市内外の人たちに親しまれてきた。しかし、3月末で全館が閉鎖されたままだったが、市民で作るＮＰＯ法人「ゆうばりファンタ」などが市から無償で借り受け、自主運営することで再開にこぎつけた。

「住民自らが何をすべきかを考え始めた。これからは、住民と行政が協働して街をつくっていかなければならない」。若菜連合町内会長の川村実さん(70)は、しみじみ語った。

メロンとナガイモ

北海道を代表する初夏の味覚・夕張メロンの収穫が、5月14日から２００７年も始まった。市の財政破綻後、初めての収穫。全国有数のブランドに成長した夕張メロンが、市内のあちこちのメロン屋さんにも並び、暗い市内で明るさを久々に投げかけた。

訪れた沼ノ沢の夕張メロン組合長、舟津裕司さん(49)方では、67あるハウスの一棟で、重さ1・6キロもある大ぶりのメロンの収穫の真っ最中だった。「甘さは十分です」と、妻の幸江さん(41)。翌日には、初競りが市の中央卸売市場で行われ、過去最高額の2玉２０

0万円で競り落とされた。

午前7時に始まった初競りは80万円からスタート。1分足らずで200万円となった。ご祝儀相場だが、従来の最高額は、昨年の2玉80万円。一気に2倍以上の高値となり、市場関係者から大きなどよめきが起きた。

◇　◇

炭鉱が消え、観光が失敗し、そして市の財政が破綻した夕張にとって、メロンはいまやなくてはならない宝だ。農業の内訳だけをみても、農家193戸のうちメロン栽培農家は157戸、作付面積558ヘクタールのうちメロンは309ヘクタール、農業生産額31億6100万円のうちメロンが30億3700万円（いずれも2005年市統計）と、夕張農業の大黒柱であることがわかる。

夕張の産業構造をみると、就業者5637人で最も多いのは観光を含めたサービス業の1876人。ついで卸・小売り・飲食の779人、そして3位に農業の716人が続く。しかし、メロン生産は、全国へ発送する運送業、販売する卸・小売業、メロン関連の酒、ゼリー、菓子などを製造する製造業、観光業などの産業にも波及しており、メロン農家は夕張の産業を牽引していると言っても過言ではない。

ここまで来るのに、夕張の農家は大変な努力と苦労を強いられてきた。もともと、夕張の大地は火山灰に覆われ、水が地下に浸透しやすく、一般の農作物を作るには不向きな土地柄だった。さらに、山あいとあって広い土地も確保できず、農家は細々とアスパラ、ナガイモ栽培などに生活の糧を得るしかなかった。

炭鉱の閉山、人口減、野菜の消費減という世の中の流れの中で、一部の篤農家が取り組んだのがメロン生産だった。水を通しやすい夕張の土壌は、逆にメロン作りに向き、昼夜の寒暖差の大きいことも甘いメロンを育てる。

1960年、17戸の農家が「メロン組合」を設立。苦心の末に、赤肉と香りが特色のスパイシー種と甘みとネットが特色のアールス種を交配し、一代雑種（F1）のメロン「夕張キング」を誕生させた。

◇　◇

「ブランドを扱ってきたからこそイメージ失墜の恐ろしさが分かる。でも、これだけ夕張が注目されていることを、逆にチャンスと考えたい」。収穫前の4月、訪れた南部青葉町の1・7ヘクタールに立ち並ぶビニールハウスでは、万田聡さん(31)が「夕張メロン」の苗を見ながら額の汗をぬぐっていた。

メロン栽培農家の3代目。岩見沢農高を卒業後、夕張市農協、ホテル勤務を経て25歳で後継ぎとなった。今は、両親の働く後ろ姿を見ながら、ともに土にまみれて勉強の日々を送る。

春先は、苗作りと、定植作業に追われ、最も忙しい。「苗八分と言って、この段階でメロン作りの8割が終わる」という。温度や水の管理、葉の状態などを気遣う毎日が続く。すくすくと育つ苗を目にすると、今、夕張で芽生えつつある自立した市民活動と重なることがある。

市の財政破綻後、市民有志がNPO法人「ゆうばり観光協会」を発足させ、第3セクター「めろん城」の元従業員が「夕張酒造」を設立。地域再生に向けて一歩を踏み出した。「苗八分と同じ。頑張る人々の気持ちを受け止め、どれだけ手をかけるかが、今後の夕張にとって重要だと思う」

思えば、小学生時代に炭鉱の合理化が進み、中学生時代に最後の炭鉱が閉山、同級生のほとんどが夕張を去った。財政破綻後は、人口減に拍車がかかっている。

夕張を離れるつもりは毛頭無い。「じいちゃんたちがゼロから立ち上げ、父親たちも夕張の看板を背負ってきた。まちに魅力あるものを育て、5歳になる長男に残したい」

◇　◇

メロン農家鎌田利郎さん（24）も、夕張再生の象徴「夕張メロン」の栽培に情熱を注ぐ若者の一人だ。「勉強すればするほどいいものが作れる。天候など運任せだと思っていたが、〝理想〟に向けてどうコントロールしていくかがおもしろい」と、メロン栽培の奥深さを

一つひとつ丁寧に収穫
されてゆく夕張メロン

語る。

父親の後を継ぎ、大学卒業後、メロン栽培を始めて2年目になる。市農協の厳しい検査を経たメロンだけが、共選「夕張メロン」として全国に出荷される。商標権を持つ農協の農家に対する影響力は大きく、流通などで独自性を出すのは困難だ。鎌田さんは「先代が苦労して築き上げてきたもの。ブランドを自分たちは引き継いでいかなければ」とだけ話し、口をつぐむ。

ブランドイメージを崩さない「現状維持」。その言葉に、打開策を講じず借金を増やし続けた夕張市の姿が重なり、危うさを感じることもある。しかし、今はいいメロン作りに集中し、「若い世代なりの努力」を模索中だ。

最近、市民の流出状況がわかる広報紙の人口欄を意識するようになった。趣味の吹奏楽で、高校時代から定期演奏会をした市民会館が閉鎖されるなど、市の厳しい状況を肌で感じ始めている。が、それを笑い飛ばす若さがある。

「今はわずかなことでも注目される。ただで夕張を全国に宣伝できるチャンスの年」。そう話す表情に暗さはみじんもない。

◇　◇

支局の斜め向かいにもメロン屋さんがある。実はこれまで、支局長は夕張メロンを食べたことがなかった。道内の他の地域のメロンよりも、価格が数割高い高級品なのだ。しかし「夕張市民になったんだ、食べなきゃ」と、連日支局に買ってくる。

実は、安く買えるメロンがある。メロンは日持ちが悪く、贈答用などに売っているのは、まだ熟していない青々としたメロン。これは、シーズン真っ盛りになっても1個3000円近くして高い。これに対し、熟して賞味期間が3日ほどしか残らないメロンは安い。2007年の最安値は500円ほどだった。だが、熟しているため、すぐおいしく食べられるし、味は高級品と変わらない。その上安い。地元民だけが享受できるささやかな幸せ。これを買わない手はない。

支局長によると、連日買い求めるうちに、同じ夕張メロンでも「共選」と「個選」の2種類があり、ラベルも違うことがわかったという。夕張メロンはブランドを守るため、農家は生産したメロンをすべて農協に出荷しなければならない。知り合いにであろうと、各農家は勝手に売れない。

「共選」は、このうち農協が厳格な検査を行ってシールを張ったものだ。「個選」は、農協に出荷するものの、検査はない規格外扱いとなる。品質は各農家の責任だ。このため、「個選」メロンには農協の名前ではなく、農家の個人名が明記されている。

「共選」メロンは、農協が保証するだけあって当たりはずれがない。しかし、「個選」より一般的に高い。「個選」メロンは安いが、農家によって当たりはずれがある。しかし、おいしいと評判の農家の「個選」はおいしい。仏ワインを買うように、おいしくて安いメロンを求める買い物は、何ともダイナミックだ。

◇　◇

夕張市の特産と言えば夕張メロンだが、明治期に栽培が始まったナガイモには、ひそかなファンがいる〝元祖・特産物〟だ。

夕張市沼ノ沢の「レストラン　おーやま」で一番の人気メニューは、20年来出しているナガイモハンバーグだ。すり下ろしたナガイモが、ホワイトソースのようにかかり、見た目は白いハンバーグ。中身にもナガイモが練り込んであり、ふわっとした食感を楽しめる。「夕張のナガイモは、すって持ち上げてもなかなか落ちないほど粘りが強い」と、経営する大山幹雄さん(54)。20代のころ、東京の帝国ホテルで9年間修業し、故郷で店を開いた。ホテル時代のメニューを週替わりで出す中で、子どものころなじみだったナガイモで地元ならではの一品を作ろう、と考えた。今では、ナガイモピラフなどが加わり、週末になると市外からも客が訪れる。

かつて、ナガイモは夕張の一大特産物だった。１９７３年、作付面積は１１０ヘクタールと現在の夕張メロンの３分の１にあたり、２０００トンを生産した。夕張の農地の大半は、樽前山《たるまえ》の火山灰に覆われ、生産性が低い。だが、土壌に障害物が少なく、イモが長くまっすぐに育つナガイモ栽培の適地だ。

市史によると、１８９９年（明治32年）に東北地方から入植した人が持参し、ナガイモの栽培が始まった。自然に自生するジネンジョ系統に品種改良を重ね、１９７０年に夕張の土地に合う「夕張改良長芋」を完成させた。

しかし、メロン栽培の忙しい時期とナガイモのタネ植えが重なるため、今では市内の農家の98％近くがメロン栽培に切り替えた。このため、生産量は２１１トン（２００５年度）と最盛期の10分の１に落ち、道内順位は16位。１位の帯広市の１万７８００トンには到底及ばない。夕張市農協によると、そんな帯広市も、夕張の種イモを持っていったことが始まりという。夕張では、約20軒の農家が作るナガイモを楽しみにする人が多い。

市の醸造担当技師だった園田稔さん（48）もそんな一人だ。１月に仲間４人で作った新会社「夕張酒造」が、今年取れた夕張産のナガイモを初めて仕込むからだ。

東京農大で醸造を学び、83年に市に採用された。その４年前、「炭鉱から観光」を掲げた中田鉄治元市長が「メロンブランデー醸造研究所」を開設した。第３セクター「石炭の歴史村観光」を主体に、ナガイモ焼酎や世界初のメロンブランデーなどを生んだ。

ところが、市の破綻に伴い、３セクは２００６年11月に自己破産し、園田さんは市役所を辞めた。新会社を作ったのは、「酒造りは夕張の文化。この火を絶やしたら夕張はだめになる」との思いからだった。

仕込みから手がける初の焼酎の完成は、２００７年末の予定だ。「本州に肩を並べられる焼酎を造りたい」。園田さんは夢を語る。

市議会は生まれ変わったか

２００７年6月26日。財政再建団体に移行して初めての定例市議会が開かれた。しかし、議場はがらがらだった。18の定数を、全国市議会最小の9に減らしたからだ。30ある議員席の3分の2の議席が空席のままだった。

減らしたのは、定数だけではない。市議の報酬は全国市議会最低の18万円になった。財政破綻をチェックできなかった、と批判を浴びた市議会。名誉挽回を図るため、様々な改革に取り組んだ。果たして市議会は変わったのか。

「財政再建団体になって最初の2年が勝負のとき。1人で何倍もの力を出さないといけない」と、加藤喜和議長。まず、4つあった会派を無くした。全員に責任意識を持ってもらうためで、会派ごとにしていた一般質問は個人で行う。3つあった常任委員会は、最後は財政再建の議論になるとして「行政常任委員会」1つに集約した。

それでも、新人1人を含む7人に副議長や議会運営委員会委員長などの役職があたり、無役は2人だけ。各役職の任期は、緊張感を持たせるため、従来の4年から2年とした。

議会運営では、事前に通告した質問をすべて読み上げてから市側が回答する形式を、一問一答方式に変えた。これに伴い、質問の際に演壇で市長と平行に並ぶ形で行っていた一般質問は、空いた議員席を使い、市長と対面する形に変更した。緊張感を持たせ、形式的な議論が続いた議会から脱却するのが狙いだった。

また、議会の様子を伝える「議会だより」は、発行経費（2006年度143万5000円）がゼロになって廃止されたため、隣町の栗山町で議員全員が実践している市民への議会報告会を検討中だ。本会議や常任委員会を、多くの市民に見てもらえる方法も考えた。

加藤議長がこだわるのが、2年以内に住民自治基本条例を制定することだ。まちの「憲法」のような存在となる。同じ北海道のニセコ町は、2000年に全国で初めて、情報共有と住民参加を基本理念とした「まちづくり基本条例」を制定したことで知られる。

夕張では、行政への市民参加を図ることが狙いで、市民と一緒に作り上げたいという。中身は未定だが、破綻の遠因となった情報公開の徹底や、「政策決定過程をオープンにする」

定数が半減し、がらんとした夕張市議会の議場

などが骨子としてあがっている。今年度中に考え方をまとめ、「財政再建団体になった夕張だからこそ、という内容にしたい」(加藤議長)。

◇　◇

6月の定例市議会初日、3人の市議が初めて一問一答方式での質問に立った。

しかし、意気込みとは裏腹に、発言内容をあらかじめ記した紙を見てのやりとりが多く、活発な議論とは言えない。その後の定例議会でも、一問一答方式が導入されたが、うまく答えを引き出す質問ができなかったり、市側が答弁を忘れたり。質問回数が3回に限られているため、最後の質問を要望にとどめるケースも目立ち、消化不良気味なのは変わらなかった(その後、制限はなくなった)。

議長がこだわっていた住民自治基本条例についても、一度、大学教授を招いて勉強会を開いたが、それ以降は具体的な動きがない。市民への議員報告会もいまだ開かれていない。初の財政再建計画の変更は、9月13日の市議会で全会一致で可決した。「節目なのに、信じられない」と、議会の様子を見ていた市職員は驚いた。委員会での議論は多少あったが、議事録に残る本会議で質問が皆無だったたからだ。行政常任委員会では、市政をただすどころか、事前に担当課を調べずにとんちんかんな質問をするなど、本質からずれた議論も多い。

市職員からは「財政再建団体になって完全に国の管理下にあるのに、いまさら自治なんてできるのか」と、批判めいた声が上がる。また、市職員の相次ぐ退職問題の議論も低調で、「議員としてもっとやるべきことがあるはず」との意見もある。

市内の40歳代の男性は「再建計画について市職員と議論できる市議は何人いるだろうか。勉強不足ではないか」と指摘する。市議会でも、夕張再生への道はいまだ険しい。

「市の職員がいなくなる」？

夕張市消防本部の救急救命士、山本忍さん(30)は2007年7月、北海道警察本部の面接会場に立っていた。9年半に及んだ「消防生活」をリセットする決意をしたのだ。市の財政再建団体移行後、消防本部からは6月に1人が去った。8月末には2人が去る。9月末にも3人が退職する。退職金の支給額が有利だった勧奨退職扱いは、すでに3月末で終わっている。それにもかかわらず、次々に辞めていく。市の財政再建計画に伴って4月から給与が3割減となったが、とどまった職員にとって予想を大幅に超える苦しさだったのだ。年収ベースで見ると、平均4割減となる。

山本さんは、市の財政破綻が2006年6月に明らかになっても、消防を辞めるなど思いもしなかった。だが、現実は思った以上に厳しかった。救急出動など特殊手当は全廃され、月給は17万円になった。家賃などを除くと、手元にはたった5万円しか残らない。

救急救命士の自分が抜ければ、仲間に迷惑がかかるのは目に見えている。妻(31)や両親と、長女(5)の将来について何度も話し合った。「逃げ出すわけではないが、そう見られても仕方ない。覚悟を決めた」

◇　◇

同じ救急救命士の松倉暢宏さん(41)は、去る仲間を責めようとは思わない。だが、「こんなことにならなければ一緒にやれたのに」と悔しがる。

消防本部は激変した。職員数は4月時点で38人。国の定めた「消防力の整備指針」に基づいて算定した人数に対する充足率は、49%にしかならない。市民の生命を考えれば、誰一人職員は病気になれないし、必要な研修にも参加できない。松倉さんは、2台ある救急車のうち「1台には救命士が乗せられないかもしれない」と思っている。

松倉さんも、辞めようと思ったことがある。今年の冬、松倉さんの窮状を見かねた消防学校時代の友人が、北海道東部にある自動車会社のテストコースで救急隊員にならないか、と誘ってくれた。迷った。再建を終える予定の18年後には、退職間近の59歳。その間、待遇が良くなることは期待できない。長男(12)と二男(4)は、これからさらに教育費がかかる。

消防士になったのは、人を救う仕事へのあこがれからだ。ずっと現場の最前線にいたい。少しでも夕張に報いたい――。そんな思いを、妻（36）は「パートで働いて支えていく」と言ってくれた。テストコースの救急隊員の求人情報は、20歳代の後輩2人に譲った。

4月から月給は10万円減り、妻のパート代が頼りだ。だから、家族みんなで協力し、外食をしないなど節約している。子どもたちが楽しみにしていた夏休みの旅行もとりやめた。

◇　◇

「最近、遅くまで仕事してるよ」。財政再建団体になって、タクシーの運転手からこんな声を聞くようになった。夕張市役所の全階で、午後11時ごろまでこうこうと明かりがともっているという。

市職員が一気に半減し、残った人の仕事量が増えたという。時間外勤務（残業）について、市に聞いたところ、こんな事実が明らかになった。残業代は1時間67円――。夕張市役所でタダ働き同然の残業が常態化していた。

理由は、時間外手当の予算を大幅に減らした（給与総額の2・5％が上限）ことに加え、職員半減により残業が増えたことなどが原因だった。土・日曜を含め月に１２０時間近い時間外勤務をしても、支払額は８０００円に満たなかったケースもあった。

再建団体になる前は、時間外手当として、当初予算で２５００万円が計上され、足りない分は補正で追加された。昨年度は一般会計該当の職員270人に対し、4700万円が確保された。

今年度の時間外手当に充てる一般会計当初予算は750万円。該当職員数が140人弱に半減したとはいえ、月に支払い可能な超過時間は3時間程度となる。

「時間外手当はどうせ出ない」として、正確に計算しなかったり、報告しなかったりする職員もいるとみられ、実態はさらに悪い可能性があった。職員からは「労働基準法違反ではないか」と不満の声が上がる。

ある市職員は、会うたびに「うつ気味なんです」と元気がない。辞める職員が相次ぎ、このままでは行政サービスの継続が危ぶまれる。慌てた道は、道議会総合企画委員会で、残業命令に基づく勤務であれば手当を支給するべきだ、との考えを示した。

市が道と協議した結果、財源は皮肉にも退職した職員の人件費を充てることになった。9月になってようやく、4～7月の未払い分の残業手当が支給された。未払いは、1100万円を超えていた。

◇　◇

「残って何になるの?」。妻(36)が言った。4月以降、帰宅は毎晩11時を過ぎた。疲れが目立ち、妻も精神的に追い込まれているのが目に見えてわかった。もう限界に来ている。

夕張市職員の仙波宏史さん（33）は、7月末で市役所を去った。家族で何度も話し合った結果だ。信頼できる先輩に伝えたが、止められはしなかった。自分の決意をよく分かってくれていたと思う。

市役所は、2007年3月末で職員が大量退職し、ほぼ半減の163人となった。しかし、新体制の4月以降も退職の動きは止まらず、7月末までに8人が退職、8月末にも3人が退職する。

市は、未払いだった時間外勤務手当を払うと決めたが、職員を苦しめているのは、4月から実施された基本給の3割減だ。さらに、見通しのない中での勤務が追い打ちをかける。「子どものことが辞めた一番の理由です」。仙波さんは話す。4月以降、月給は26万円が19万円に減った。保険料などを除くと手取りは18万円。月給だけを見ると、生活保護の基準に該当するという。「公務員なのに、こんなのあり得ますか」

今のままでは、中学2年の長女（14）が大学に行きたいと言った時、行かせてやれない。下に長男（2）と3か月の二男もいて、これからさらに教育費がかかる。大学の多い札幌市に引っ越せば、下宿をさせずにすむ。学費は夫婦2人で働けば何とかなるだろう。「親バカかもしれませんが、娘は成績も悪くないんです」。子供の可能性を、親の事情で摘み取りたくはない――。

仙波さんには、もう1つ退職を決意した理由がある。3月まで務めた市職労専従書記長としての責任感だ。

実は、昨年冬から退職を考え始めていた。財政破綻が発覚した以降、書記長として、給与3割減や退職金の段階的削減などの計画案を撤回させようと、何度も市側と協議した。でも、何を言っても変わらなかった。「職員の生活を守る立場なのに結果的に何もできなかった」

就職活動は想像以上に厳しい。仙波さんは、札幌を中心に20社近く履歴書を出したが、書類段階で落とされ、面接までこぎ着けたのはわずか2社。民間で働く友人には「同業での経験がないと中途採用は厳しい」と言われた。

でも、少し元気を取り戻した妻が「前向きに頑張って」と応援してくれる。家族のために何とか職を見つけたい。「財政再建計画は借金返済の計画で、再生のための計画ではない。市役所がしっかりしないと、再生はない」。そう強く思っている。

◇　◇

相次ぐ退職で、夕張市消防本部は2台の救急車を維持するため、6人を新たに採用することになった。3月末に意志に反して辞めた職員がいるのに、皮肉な結果だった。

8月下旬に実施された採用1次試験には、40歳までの85人が集まった。採用枠5人に対し、競争率は17倍。就職難も影響しているようで、何度も転職を重ねてきた応募者もいた。大量の応募者にもかかわらず、消防本部は複雑な思いだ。薄給で本当に長続きするのか。数百万円かけて救急救命士に育てても、他の市町村の消防に転職されるのではないか——との懸念もある。

消防では4月以降、非番や公休日の呼び出しが常態化している。救急患者の市外搬送が増え、救急車が2台とも出払った際に、出番の職員だけでは消防体制がとれなくなることが原因の一つだ。

2台の救急車が2時間以上出払い、仕方なく消防広報車で急病人宅に駆けつけたこともある。大事には至っていないが、「目標のない職場」(40歳代の消防職員)で、どれだけ気力が持つか。

採用されたのは、初の女性隊員となる新卒の女子学生(21)を含む39歳までの6人。辞令交付式で、鷲見英夫次長は呼びかけた。「自ら厳しい環境を望んだことをかみしめてほしい。市民の期待は大きい」

◇　◇

給与3割減、相次ぐ仲間の退職、先の見えない再建計画などに、市職員は藤倉市長にいらだちを募らせている。予兆は7月にあった。

市職員労働組合が7月上旬に行ったアンケートで、年度末の2008年3月末までに退職の意向を持っている職員は全体の3割にあたる42人に上っていた。組合では、この結果をもとに藤倉市長に待遇改善を迫った。とはいえ、夕張市は財政再建下にあり、市長の裁量で何一つ決めることができない。組合は、道を通じて総務省に働きかけて欲しいと要望したのだ。

しかし、改善に向けた動きは無かった。藤倉市長は7月から「業務を見直し、機構改革を進めたい」と予算措置を伴わない範囲で解決策を取ると話すが、目に見えた進展は何もない。

元組合執行委員長の寺江和俊・市民課長(45)は、仲間が去る様子に我慢できなくなった。毎週月曜の幹部会議の席で、市長に改善を何度も迫ったが、議論はかみ合わなかった。市長の言い分はこうだ。財政再建団体になって1年たたないと、計画がうまく遂行されているのか判断できない。まず1年は、このままで見極める。だから、公僕として退職は踏みとどまって欲しい。

これに対し、寺江課長や組合側は、1年たってからでは市職員の流出を止めることができず、遅い。仮に1年たった2008年度中に待遇の制度を変更できたとしても、行政の仕組み上、待遇改善が実行できるのは2009年度になる。公僕とはいえ生活がある、と反論した。議論は平行線のままだった。

9月下旬ごろには、市職員に変化が表れてきた。財政再建団体に移行して半年たった夕張を検証する連載企画で、市職員に取材すると、包み隠さず市長を批判する。財政破綻発覚後、取材を避けてきた昨年の夕張市職員からは考えられず、開き直ったように見えた。特に、読売新聞北海道支社の企画として、夕張出身の作家佐々木譲さんに1年間夕張を取材してもらった最後の連載(10月下旬~11月)では、市職員が紙面上で市長を批判した。これには、地元だけでなく、市外の人からも夕張市役所を心配する声が上がった。

藤倉市長も、何もしてこなかったわけではない。市職員からの要請を受け、各課を3グループに分けて話し合いの場を持ったり、各課を回って慰留したりした。東京都の猪瀬直樹副知事が都職員2人前後を夕張市に派遣すると表明したことについても、藤倉市長は、「申し出をありがたく受け入れたい」と述べた。

市職員にとっては、これも不満だった。市には、道や総務省から職員が派遣されているが、これは夕張市に関係のある官庁からだからまだ理解できる。関連のない東京都の職員の派遣を受け入れるなら、市職員はもう要らないということなのか、というのだ。

地元では、「市の職員がいなくなるのではないか」と心配する声が上がる。厚谷司・組合執行委員長は言う。「市役所という足元をまず固めないと、再建どころではない」

花火大会、マラソンで元気づけ

第23回ゆうばり夏まつり花火大会が２００７年8月11日夜、支局がある清水沢地区で開かれ、市民の半分近い５０００人以上もが参加する大イベントとなった。１時間近くにわたって２５００発の花火が北国の夏の空を彩り、財政破綻に沈む夕張市民を明るく元気づけた。

花火大会は、夕張のほとんどのイベントと同じく、ずっと本町地区のマウントレースイスキー場などで開かれてきた。しかし、夕張の交通の便は悪く、市民が夜間に本町地区に行くのは大変だ。観光路線に突っ走る中田鉄治元市長のもとで、花火大会も市民より観光客重視だったと言える。

だからこそか、清水沢での花火大会には、長年のうっぷんを晴らすかのように、市民が殺到したのかも知れない。

市の財政破綻は、数百万円の予算の大部分を市の補助金に頼ってきた花火大会にも重くのしかかった。２００6年こそ、市からの補助１００万円と企業などの寄付金50万円の計

150万円で何とか規模を縮小して開催できたものの、07年は補助金がゼロとなり、開催は危ぶまれていた。

救いの手を差し伸べたのは、読売新聞北海道支社だった。読売新聞は毎夏、札幌市で花火大会を開いている。北海道新聞グループ、朝日新聞グループの花火大会と3週続き、札幌市民にとって夏の楽しみな風物詩だ。

ところが、読売新聞北海道支社はこの札幌の花火大会を、夕張に移して開催することを決めた。これには、私たちも正直言って驚いた。札幌市内の新聞販売店からは反対の声も強かったらしい。市民も驚いたに違いない。主催する夕張商工会議所を訪れた支局長に、沢田宏一会頭も目を大きくした。

夕張に力を入れる支社の決断だった。支局長によると、東京本社からの後押しも大きかったという。「1年だけでは寂しい」という会議所に、支社では5年間の開催も約束した。会場は、「市民のための花火」という願いから、市中央部の清水沢地区に固定することも決めた。前年の2006年、商工会議所でも「こんな時期にこそ、市民の和を図らなければ」と清水沢地区で初めて開催しており、この精神を引き継いだ。

夏まつりに続いて始まった花火大会では、市民が清水沢の商店街や周辺をびっしり埋め尽くした。本町地区で開催していた当時の観客は3000人ほどしかおらず、市民で見たことがない人も多かったという。「夕張でこんなに人が集まったのを見たのは初めて」と30歳の若者。「こんなに素晴らしい花火大会を見たのは初めて」と60代の女性。

新聞社は、新聞紙面だけでなく、スポーツ、芸術など様々なイベントも行っている。私たち編集部の記者は、どちらかといえばイベントへの関心は薄いが、花火大会ではイベントの素晴らしさ、イベントが持つ市民への影響を思い知らされた。会う市民からは口々に感謝され、本当にうれしかった。

実は、支社は花火大会だけでなく、夕張応援プロジェクトとしてさまざまな事業を展開している。支局長は「夕張事業課長兼務みたいだ」と苦笑いするが、これほど1支局が支社とともに事業にかかわるのは全国でも珍しいらしい。

トップを切ったのは、2007年3月から読売光と愛の事業団、夕張青年会議所と共催して全国で始めた「がんばれ夕張　北の大地応援募金」だ。1年間で全国の人たちから1000万円の善意が寄せられ、支社と道内販売店の協力もあって募金額は3000万円近くに達した。これらは、子どもたちやお年寄り、体の不自由な人たちのために10年間にわたって活用される。

さらに、8月19日には「がんばろう―夕張マラソンフェスティバル」を開催。市内では初めてとなる5キロとハーフ2部門の本格的なマラソン大会に、全国から「夕張を応援し

夕張市内を走るランナー（夕張マラソンフェスティバル）

よう」と1631人ものランナーが参加。真夏の市街地を汗びっしょりとなって駆け抜け、市民に感動を与えた。

このほかにも、支社と支局はカルチャーナイトでの支局開放（8月11日）、支局ロビーでの大夕張写真展の開催（8月）、支局会議室の地域への無料開放、札幌駅前での「よみうりWAKUWAKU広場―がんばれ夕張」（8月25、26日）、夕張市での「医療ルネサンス北海道フォーラム」（9月20日）、支社でのフォーラム「よみうりほっと茶論《さろん》―夕張再建への道」（10月27日）の開催など、毎週のように夕張応援プロジェクトを続けた。

私たちは、日々の取材に加えててんてこ舞いの忙しさだった。だが、夕張の厳しい現状を紙面で書くだけでなく、イベントで夕張の人たちを少しでも応援でき、そして夕張の人たちが新聞を身近に思ってくれることに、新聞社で働く素晴らしさを感じた。

札幌市が救急車貸し出し

「おかしい」。2007年8月15日午前7時すぎ、救急車を運転していた夕張市消防本部の渡辺裕斗さん（33）は、高速道路上で異変を感じた。

アクセルを踏みこんでも加速しない。水温計の数値が異常に上昇し、バックミラーには白い煙が見えた。急病を訴えた幼児を、約50キロ離れた苫小牧市内の病院に搬送中だった。煙が真っ黒に変わった。「もう無理だ」。救急車を路肩に止めると、すべての警告灯が点灯し、エンジンが止まった。煙の原因は、エンジンルームにあった。

15分後、応援を頼んだ千歳市消防本部の救急車が到着し、大事には至らなかった。だが、夕張の救急車は修理に出すほかなかった。

この救急車は1996年に購入した。走行距離は12万4300キロ。財政再建計画に、救急車の更新費用はない。少しでも節約をと、47万円の中古エンジンを取り付けた。夕張消防の救急車は2台。修理の13日間は、残りの1台でやり繰りしたが、出動要請が重なったことが2回あり、その度に、火災原因調査用のマイクロバスで対応した。

◇　◇

「これでは市民は安心して暮らせない」。9月6日、藤倉肇市長は道庁を訪れ、支援を求めた。高規格救急車の価格は、車両1900万円、救命装置などの機材1300万円で、計3000万円を超える。「どうやって工面したらいいのか」。市長も消防も頭を抱えた。

さらに、旧・市立総合病院が市の財政破綻で診療所に規模を縮小し、救急指定から外れた。今年度から、重症患者は市外の病院に2時間半~3時間かけて搬送しなければならない。市民の間では「いったんは診療所で受け入れて欲しい」との要望も強い。

これに対し、診療所の運営を引き受けた村上智彦医師（46）は「搬送先となる大規模病院がないのは、夕張だけではない。行政で受け入れ体制を考えるべきだ」と言い切る。

新聞で夕張市の苦境を見かねた札幌市の上田文雄市長は10月、札幌市消防局の研修用の高規格救急車1台を夕張市消防本部に貸し出した。この救急車は、2000年式で走行距離は3万6000キロ。運用開始から6年以上が経過して一線を退いたが、走行距離が比較的少なく状態も良いため、研修用として使っていた。

届いた救急車には、すでに「夕張市消防本部」と書いてくれていた。貸し出しは、更新するまでの1年程度の期限付きだが、夕張市の藤倉肇市長は受領式で「60歳以上のお年寄りが半分を占める医療問題は大きな課題。冬を前に安心した」と喜んだ。

上田市長は「何かお力になれないか考えていた。周辺自治体も含め見捨てないというメッセージを伝えたい」と話した。

◇　◇

総務省の官僚が、夕張市役所に派遣されている。

6月に着任した畑山栄介さん（33）。高校まで札幌で育った。東大卒。総務省では地方財政と違う部署で、異動が決まって初めて財政再建計画を読んだ。

「夕張を監視しに来たのか」と警戒する市職員は少なくなかった。市民課長の寺江和俊さん(45)もその1人。理路整然とした話しぶりが偉そうに見えた。

財政再建計画を3月に策定して以来、初の変更が9月にあった。18年間で353億円の赤字解消という大枠は変えずに、し尿処理場の補修(1700万円)、市立診療所の改修(1100万円)などを盛り込まなければならない。畑山さんは地域再生課長として、職員とともに道との調整、複雑な予算組み替えに尽力。同じ課の職員は「調整力がすごい」と舌を巻いた。

変更協議が本格化してきたある日の終業後、畑山さんが寺江さんの席に立ち寄った。「雑談しましょう」。個人的に話すのは初めてだった。畑山さんは幹部会議で積極的に発言する寺江さんを「自分の考えを率直に語っている」と評価していた。

「中央では、夕張は無駄遣いしたとの見方が強い。観光もそうだ」と畑山さん。「借金を隠していたのは悪い。でも、炭鉱閉山後は観光しかなかった」と寺江さん。言いたいことを言い合った。

職員の中には「どうせ派遣元に戻る人」と冷ややかな見方をする向きもある。が、寺江さんは今、「夕張のために一生懸命だと伝わってくる。スクラムを組んで頑張りたい」と思っている。

市役所に派遣されているのは、畑山さんのほか、道から7人、民間から2人。道職員の金家明宏さん(50)は、市長、副市長に次ぐナンバー3の「理事」だ。

「市職員が道に言いにくいことも、道職員の自分なら言える」。消防職員の早期退職が相次ぐとわかると、すぐに道と交渉し、6人分の新規採用にこぎつけた。

7月下旬。居酒屋で、給与3割減で生活が苦しくなって退職する30歳代の男性職員の送別会に偶然、合流した。娘同士が幼稚園で仲良しだった。職員は繰り返した。「辞めたくないけど辞めるんです」

金家さんの脳裏からは、今もこの言葉が離れない。

地価下落率全国一に打つ手なく

暗いニュースが夕張を直撃した。2007年9月19日に発表された全国の基準地価で、夕張市が商業地で全国1位(17・4%)、住宅地で2位(14・3%)の下落率となったのだ。1平方メートル当たりの価格は、商業地の「清水沢3の2」は1万円、住宅地の「南清水沢1の137の9」はわずか4200円だった。豪州からのスキー客でにぎわう同じ北海道の倶知安《くっちゃん》町が、住宅地で全国一の上昇率を記録したのとは、あまりの落差だった。

市内で一番人口の多い清水沢地区のJR清水沢駅前。シャッターを閉めた菓子店、スーパー、食堂、喫茶店などの店舗が並び、人通りはまばらだ。商業地で全国一の下落率となったのが、この地区だった。住所の「清水沢3丁目」はちなみに、読売新聞販売店も支局もあるまさに同じ地区だ。

清水沢地区はかつて、三菱大夕張鉄道のSL車両が豪快に煙を上げてJR清水沢駅に乗り入れ、三菱大夕張炭鉱、北炭夕張新鉱などの炭鉱マンらが買い物に、食事にと利用されにぎわった。しかし、シャッター街だけでなく、営林署も郵便局も移転し、高台にある旧・清水沢小学校の校舎は荒れ果てて放置されたままだ。

近くの化粧品店に入り、話を聞いてみた。「売り上げは落ちましたね。かつては、この通りもにぎわっていたけれど」

店主の女性によると、財政再建団体入りするとわかった2006年夏過ぎから、化粧品の買い控えが増え始めた。「住民負担が増えると見通し、ぜいたく品の化粧品が真っ先に切り詰めの対象になったのではないか」。店舗は、30キロ以上離れた岩見沢市の店舗と統合されることになったという。

清水沢地区の飲食店で作る「清水沢料飲店組合」の小林吉宏組合長（62）は「かつて60店あった加盟店が、今や12店。出て行きたいけど、持ち家だから出て行けないのが多くの人の本音ではないか」と、再び開く見通しのない商店街のシャッターを眺める。

夕張商工会議所によると、この10年ほど市内では商業地の売買自体がほとんどない。全世帯の5割近くが公営住宅に暮らすため、住宅地の取引も珍しく、市内には不動産業者さえいない。

土地は、岩見沢市や栗山町などの業者が扱うが、岩見沢の不動産業者は「住民が減って地価も年々下がる。（破綻で）病院も市役所も縮小され、小中学校も統廃合されて魅力もなくなる。夕張の土地をどう処分しようかと考えているところだ」と嘆く。

住宅地で全国2位の下落率となったのは、清水沢地区に隣接する南清水沢1丁目（14・3％）だ。夕張市内全体でも、下落率は住宅地で昨年の2・1％から11・3％に拡大した。夕張市税財課は「財政再建団体転落の不安で、人口が減ったことが主な原因」と危機感を強めるが、打開策は何もない。

◇　◇

夕張市が炭鉱街で栄えたころ、街は活気にあふれた。羽振りのいい炭鉱マンが外国車に乗り、飲食店は夜遅くまでにぎわった。山の斜面には、はるか上までびっしりと炭鉱住宅

地価下落率が全国一となったJR清水沢駅前の商店街

街が並んだ。１９６０年4月、人口は11万６９０８人とピークとなる。

閉山後に人口は減り始め、財政再建団体入りを表明する直前の２００６年5月末で、１万３１８９人。その後、人口減少は加速を続けている。２００７年10月末現在、市の人口は1万２２７０人。２００６年は1年間で５１３人減っており、２００７年は１・４倍の６９９人だった。

このペースで減り続けるとすると、単純計算で、財政再建計画の残り17年間で1万１９００人減る。つまり、財政再建計画完了予定の２０２４年度末までに、ほとんど人がいなくなってしまう。

これは極端過ぎるとしても、財政再建計画で想定した18年後の人口７０００人は甘すぎる。夕張市の65歳以上人口は、５２００人（２００７年10月末現在）。全人口に占める割合は42％超で、全国の市では最も高い。60歳以上は人口の半分を超える。これに対し、15歳未満の年少人口は８８３人（同）で全人口の７％。こちらは全国の市で最低だ。65歳以上の人が市外に流出しないとしても、17年後には42％が82歳以上となる。

さらに、自然減とともに市外への人口流出も影を落としている。10月末までの1年間に市外に転出したのは９０３人に上る。街中でも「働き口がない」「子どもの将来を考えると、いつかは夕張を出たい」という声を聞く。

人口減少の加速化は、6月に夕張市が財政再建団体入りを決めた直後から始まっていた。9月上旬に調査したところ、6月以降の人口の減少幅は、前年同期の2・5倍になっていたのだ。街の将来を見越してのことなのだろうか。

人口減とともに、生活保護率が高いことも商業者には重くのしかかる。そもそも北海道の保護率は、全都道府県で最も高いのだが、中でも夕張市は26・3%（1000人に占める割合）で全国平均の11%の2倍以上に達している。しかもこの数字は、微増している。

◇　◇

財政破綻発覚後、営業拠点を早々と市外に移した店もある。「骨をうずめるつもりだった。まさか出ることになるとは…」。夕張市清水沢地区で42年続いた中華料理店「盧山」の店長兼調理師の佐藤勝さん（62）は、2006年9月4日、隣接する栗山町に移転するために店を閉めた。店を継ぐ長男（39）が将来を案じたからという。

盧山は、テレビや雑誌で取り上げられ、2年前には映画のロケにも使われるなど地元では有名店だ。東京・六本木などで5年間修業を積んだ佐藤さんが、20歳で故郷に店を構えた。炭鉱労働者の口に合うよう少し濃いめの味付けが特徴で、野菜や魚介類がたっぷり入ったあんかけ焼きそばは「自分にしか出せない味」と胸を張る。

市内のホテル調理師だった長男が、移転を持ちかけたのは2か月ほど前。市が巨額の赤字を抱える要因となった観光事業に批判が集まり、ホテルの行方も不透明になりつつあった。佐藤さんは「自分はあと10年働ければいい」と夕張に残ろうとも思ったが、健康上の不安もあって栗山に行く決心をした。

若い世代にとって、働き口が少ないことも悩みだ。ホテルマウントレースイなどを運営していた市の第3セクター「夕張観光開発」（自己破産）の元従業員石井拓哉さん（34）は2006年3月、1人分の荷物を車に積み込み、夕張を出た。家族5人で札幌市に住むことを決断したのだ。新しい職場はコンビニエンスストア。小学2年の長男（8）の学校があるため、まずは単身で暮らす。

高校まで夕張で育ち、札幌の会社に就職したが、子どもが生まれ、「自然のある夕張で育てたい」と8年前、生まれ故郷に戻った。3セクに就職したのは「公務員に準ずる身分で、安定していると思ったから」。

札幌行きを決めたのは、子どもの教育環境が大きい。二男（6）が今春入学を予定していた夕張小学校（児童25人）の新入生は、二男1人だけしか予定されていなかった。「同級生がいないし、将来的なことを考えるとやはり…」。3歳になる三男もいる。

3セクの先行きの不透明さも決断を後押しした。2007年4月から観光施設の大半は民間運営となることが決まったが、雇用条件などは分からず、就職先が決まった2月に辞表を提出した。

財政再建団体への移行が決まってから、3セクを巡る状況が報道されるたびに妻(34)と話し合い、「(夕張を)出る、出ない」を繰り返した。何の説明もなかった会社に腹が立ったこともあったが、今は「自分のこともそうですが、同僚はどうなっていくのか心配」と打ち明ける。

「昨年からいろんな葛藤があったけど、気持ちの整理はつけたつもり。でも、いざ行くとなると、寂しい」

「ないない尽くし」高齢者の明日

2007年11月初旬。夕張破綻の発覚から1年4か月が過ぎた。市街地でも標高が150~350メートルある夕張の紅葉は早い。初雪も舞った。市街地を染めていた紅葉は葉を落とし、支局前の清水沢神社に棲むエゾリスの兄弟たちも盛んにドングリを集め、冬支度に忙しい。支局近くの八百屋には、地場産の大根、カブ、ハクサイ、キャベツなどが山のように積まれ、お年寄りらが漬物用に買い求めている。

いつもならではの風景だ。しかし、心なしかお年寄りらの表情が曇りがちと見えるのは、思い過ごしだろうか。1週間ほど前、支局長が司会してパネルディスカッション「夕張再建への道」を札幌の北海道支社で開いた。その席で講演した藤倉肇市長も「市民の50％は60歳以上。冬を迎えるにあたり、孤独死が心配だ」と心情を吐露していた。

◇　◇

「もう夕張には将来がない。住んでいても医療がないし、高齢になったら夕張を出て、近くにスーパーや病院があるところに行こうと思っている」と話してくれたのは、自営業男性(54)だ。

やはり、無職女性(73)も夕張を出て行こうと思っているという。「年をとっているから、病気しないように健康に気をつけている。あとは、サンマ1本食べていたところを半分にするとか、生活を切りつめている。市外で申し込んでいるアパートが空き次第、出ていく」

夕張に住む親を心配する人もいる。会社員男性(34)は「今の夕張の現状は、年寄りに死ねと言っているようなもの。家から市立診療所までバスで片道800円。そのバスも3時間に1本しかなく、すぐ用事が終わっても待たなきゃならない。親には早く夕張を離れて欲しい」という。

無職女性(76)は、市民税が高くなったことと、交通の便が悪くなったことが生活を直撃しているという。しかし、女性は夕張に踏みとどまる覚悟だ。「親、兄弟はみんな札幌に行ったが、私は夕張の行く末を見届けないと死ねない」

市民から一番多く聞いたのは、医療への不安だ。「車に乗れなくなったらどうするか。店も病院も近くにない。健康に気をつけるしかない」（無職男性・74）、「身体に障害がある夫がいま、歩けるか歩けないかの瀬戸際。しかし、夕張には常駐の整形外科がないので、車で1時間40分かけて札幌の病院まで通わなければならない。いまは2人とも運転できるけど、体を患ったら病院通いもできない。18年後には夕張にいるかどうかわからない」（主婦・56）。うなずくしかなかった。

さらに、商売をやっている人には人口の急激な減少、公共料金の値上げなどによる市民の買い控えが影響を与えている。昨年から、老舗の呉服店、中華料理店、創業100年近い酒店など廃業する商店が後を絶たない。

「破綻して、税金が上がると報道されると、無駄なものは買わなくなる。お年寄りが警戒して買い控える」と菓子店主（66）。別の菓子店主（48）も「破綻のニュースが出てから売り上げががたっと落ちた。生活を切りつめようとしたら、お米のような不可欠のものではなく、服やお菓子を控えるようになるでしょ」という。

ある自営業者女性（72）は「市職員が13万円の給料なのに、その人たちに私たちのものを買ってくださいとは言えない。ご飯を食べられる状態なだけで、残るものは何もない。お客さんと明るい話をしてみたいと思っても、そんな話題もない」と元気がない。

ほかにも、切実な声は相次ぐ。「店はあと3年やっていけるかどうか。採算があわなくなったら、借金してまでやることはできない」（スーパー店主・54）、「昭和30年の開店当時に比べて、客の数は15分の1くらいに減っている。人口は当時の10分の1だが、高齢者が多くなり、購買力が落ちているから」（薬局経営者・85）、「破綻後、役所関係の人が急に減った。会社を辞めて外に出て行く人もいる。残った人は70歳を過ぎた人が多く、商売にならない」（理容師女性・74）。ただでさえシャッター街と揶揄《やゆ》されてきた本町、清水沢などの商店街は、寂しさを増すばかりだ。

建設会社で事務員をしている女性（53）も、行く末を心配する。「今年に入ってから建築の仕事がまったくない。新築も改築も1軒もない。市役所関係の建築・土木の仕事もなくなり、道から発注された土木をやっているだけ」

一方で、若い市民を中心に、子どもたちを巡る環境の悪化に胸を痛める声も多い。パート女性（40）は訴える。「子どもの行事が減っており、楽しみだった祭りもなくなった。今の子は、何を楽しみに生きていくのだろう。友達は減るし、野球やサッカーもできない」。しかし、女性は夕張を離れられない。「年をとっている両方の親が夕張にいる。イコール、自分も夕張から離れられないということ」

パート女性（38）も「スポーツ大会など子どもたちが今までできたことが、補助金を削減されてできなくなっている。さみしい思いをさせているのがつらい」と話す。福祉施設に勤める女性（27）は「0歳の子どもがいるが、破綻後、市は6～7か月健診をしなくなった。夕張は子育てをしている人が少なく、ネットワークもない」と、悩みを隠せない。

子どものために夕張を出て行くかもしれないというのは、書店経営者（34）だ。「2歳と6か月の娘が2人いるが、夕張の厳しい環境で、他人と比較してひきこもりになってしまうとしたら、そのときは娘を手助けするために出ていく」

支局がある清水沢の飲食店街には、スナック、居酒屋、すし店など30軒近い看板が並ぶが、ある夜、支局長がネオンがついている店を数えたら、15軒ほどしかなかったという。「飲みに入っても、客は一人もいない。誰か来たら帰ろうと思っていても、誰も来ず、ママさんと2人きりで話す時間が延々とたっていく」と支局長。

半世紀近くにわたって若菜地区でおでん屋を切り盛りしてきた80歳代の「おばさん」は言う。「札幌の息子は一緒に住もうと言ってくれるけど、ずっと夕張で働いてきたし、もうからなくても生きがいだから」。夕張の飲み屋は安い。焼酎1本いれて、おでんを食べて、2000円もかからない。「おばさん、きょうも元気かな」と支局長。

本町地区の梅ヶ枝通りのスナックで、ジャズのレコードをかけながら「ぜんぜん客は来ない。でも、夕張で生まれ育ち、主人も死んでしまったし、行くところもない」と、50歳代のママ。昼間、福祉関係施設で掃除の仕事をやっているが、もらえるお金はわずかだ。

お年寄りや体の不自由な人には、これから一年で最もつらい冬が来る。みんなに共通する不安は、1メートル以上も積もる夕張での除雪だ。ある主婦(79)は「アパートのみんなで雪かきすることにしているけど心配。住人は高齢化。アパートには8戸あるけど、2戸は空き家。残りの家も、足を手術した人が2人、脳梗塞の人が1人で、かれらは除雪できない。そばの市道も、市の除雪体制が変わって、雪がたくさん降らないと来てくれないし、回数も減るというし」。主婦はいま、市外の長男や兄弟から「無理しないで、おいで」と誘われている。

終章　夕張に「春」が訪れるまで

街を雪が覆い始めた2007年11月下旬。夕張市役所で取材を終え、支局近くのガソリンスタンドに立ち寄ったところで携帯電話が鳴った。携帯の液晶画面に、札幌の編集部長の名前があった。

「1月1日付で札幌への転勤が決まりました」――。札幌地裁・高裁、札幌地検・高検を取材する司法担当への異動を告げられた。新聞社の転勤は突然訪れる。

夕張に連日通うようになってから1年半。夕張の取材は、忘れられない人との出会いの連続だった。

◇

◇

ラベンダーの咲く2007年6月のこと。

「ボランティアで草を刈っている人がいる」と、知り合いの理髪店主が私に教えてくれた。場所は、「幸福の黄色いハンカチひろば」などの案内板の並ぶ夕張市の一角。花に囲まれてひとり、忙しげに鎌を動かす小さな背中に声をかけた。目深にかぶった帽子の下に、見覚えのある顔がのぞく。以前取材した、夕張在住の木村栄子さん（70）だ。

取材する酒井麻里子記者

木村さんと初めて会ったのは、悲しい出来事がきっかけだった。

2004年1月、木村さんの孫の里菜さん（当時17歳）が、母、姉と共に交通事故で亡くなった。里菜さんは、白血病を克服したのに事故で命を絶たれた。1年後、里菜さんの同級生が追悼映画を作ることになり、私は木村さんを訪ねた。「里菜は忘れられていなかった」と、木村さんは記事を喜んでくれた。

木村さんと再会した2007年6月、市は財政再建団体になってから3か月が過ぎていた。財政破綻の暗い影が、木村さんを直撃していたと知った。

木村さんは3月、20年近く働いた市内の清掃会社を解雇されていた。会社は、市の委託業務を多く引き受けていたが、委託を打ち切られて経営難に陥り、人員を削減したのだった。

家にいると、孫たちのことが頭から離れない。何かしていれば気が紛れるのでは――。

木村さんが草刈りを始めたのは、そんな思いからだった。だから、草刈りは「自分のため」と言う。

私は、木村さんを取り巻く不条理に、切ない気持ちになった。病気を克服した大事な孫たちを事故で奪われた。悲しさを紛らせようと打ち込んだ仕事を、今度は破綻で奪われた。

でも、木村さんは夫（75）と2人、孫たちとの思い出の残るこの街で生きていくと決めた。

だから、少しでもいい街であってほしい。

自宅から車で約20分も離れた一角をわざわざ草刈り場所に選んだのは、そんな思いからだった。「外から戻ってきて、ここに着くと、ほっとするんですよ」と木村さん。それに、この場所は、夕張を訪れた人が最初に見る「夕張の顔」なのに、市が草刈りの業者委託をやめて草が生え放題だった。

ラベンダーがマリーゴールドに変わる秋まで、木村さんの草刈りは続いた。今、その地を雪がすっかり覆う。

雪解けを待つことなく私は夕張を去ることになったと、電話で木村さんに伝えた。木村さんは「せっかく会えたのに。寂しくなるね」と手紙をくれた。里菜のこと忘れないでいてくれてありがとう、と書かれていた。

うれしかった。取材相手と記者という仕事上の関係だけでなく、こう言ってくれる木村さんに出会えてよかった。

市が借金を隠し続けたことでできた巨大な「雪だるま」も、木村さんのような市民の力で、少しずつ溶かしていくしかない。木村さんとの出会いを思い、心が温かくなった。

◇　　◇

夕張を去る12月26日は、雪に映えた青空が本当にきれいだった。

私が初めて夕張を訪れたときも、空の色が印象的だったことを思い出した。山に囲まれた街を、灰色の空が覆っていた。山の斜面にびっしりとあった炭鉱住宅を想像し、石炭と共に生きた夕張の劇的な運命を思った。

93人が命を落とした北炭のガス爆発事故から25年たった日は、事故で夫を亡くした妻が静かに思い出を語ってくれた。若手職員が早期退職する日、残ると決めた上司が目に涙をためて送り出していた。夕張では、本当にさまざまなことがあった。

財政破綻の取材を通し、市が市民に借金を隠し続けたツケの大きさを思い知った。国の石炭政策に翻弄された夕張の苦境も知った。財政破綻の責任の所在が明確にならないまま、何の責任もない子どもたちを含む市民が、負担を背負っていかなければならない。そもそも18年たてば、本当に353億円の借金は無くなるのだろうか。

私は、自分に問うた。財政再建団体入りで生じた、さまざまな不条理を伝えきることができただろうか。夕張を去らざるを得なくなった人を。負担とともに生きる夕張市民の姿を――。

夕張を取材したノートには、この街で生きるたくさんの人々の姿が記されている。時がたち、夕張に本当の「春」が訪れるまで、私は夕張を見守り続けたい。

37人に聞いた18年後の夕張

夕張再建への道のりは始まったばかりだ。明るい材料はほとんどない。現在、市の人口1万2000人の半数を占める60歳以上の市民も、再建終了が予定されている18年後には最も若い人でも78歳に達する。市民は、18年後の夕張の姿をどのように思い描いているのだろうか。支局では、アルバイトスタッフ(原田この実)の協力で市民にインタビューした。

(年齢は2007年11月現在)

「まったくつかめない。想像できない」自営業女性・72歳
「再び栄えていると思う。これ以上落ちることはない」高校生女子・17歳
「何もなくなって、山だけが残る」高校生女子・16歳
「夕張は地図上にしか残らないかもしれない」小学校校長・54歳
「私は明日の命もわからないから、町がどうなっているか答えられない」無職男性・88歳
「今でさえ大変だから、前途多難」無職男性・77歳
「考えられない。1年1年もどういう風になるかわからない」会社役員男性・56歳
「人口は今の半分だね」パート女性・58歳
「人口は5000人くらいまで減り、ますます暮らしづらくなる」自営業女性・58歳

「消滅することはないと思うが…」会社員男性・58歳
「再建計画は行き詰まっているのではないか」無職男性・75歳
「大きく変わるとは思っていない」製造業男性・48歳
「夕張はなくなっているかもしれない」自営業女性・54歳
「生活する場として残っていけるか危うい」新聞社経営・67歳
「わからない。いま、生きるのに懸命だから」農業男性・34歳
「借金は返せていない」農業男性・27歳
「役所をあてにしない、自立した市民のいる夕張になっている」無職男性・66歳
「借金の返済は終わっていないと思う。お金がないから」無職女性・87歳
「町は変わらないと思う」建設業男性・43歳
「これ以上悪くなりようがない」薬局経営・85歳
「人口は減るのに、借金の返済が可能なわけない」自営業男性・52歳
「今と変わらない」福祉関係女性・27歳
「中心部に集約された町になって生き生きとしているかな」栄養士女性・46歳
「18年間返済計画は無理」会社員男性・26歳
「想像もつかない」ガソリンスタンド経営・61歳

「18年もつのかな、という風に思う」サービス業男性・39歳
「すごく人が減っている」無職女性・56歳
「うちの店もどうなっているかわからない」菓子店経営・48歳
「今よりひどくなっている」飲食業女性・62歳
「借金なくならないでしょう。18年じゃ無理」商店経営・57歳
「現在200軒あるメロン農家も減るんじゃないか」農業男性・34歳
「良くなるとは想像つかない」主婦・79歳
「新しい観光の町になっているのではないか」無職女性・76歳
「みんな死んでいるかもしれない」無職女性・82歳
「負債は残って、返済期間が延長になっている」自営業男性・34歳
「だれもいないんじゃないか」会社員男性・34歳
「人口は5000人いればいいほう」工場経営男性・66歳

終章　夕張に「春」が訪れるまで

あとがき

地方債などを含めると、借金はなんと632億円。市民一人当たりにすると、526万円となる。夕張の財政事情が悪いことは知られていた。だが、まさか、これほどまでの巨額の借金を抱えていたとは、私たちにとっても驚きだった。

なぜ、ここまで膨らんだのか。どうして表面化しなかったのか。疑問だらけだった。行政をチェックし、暴走を防げなかった自分たちマスコミへの自戒の念も込めて、取材が始まった。読売新聞の多くの記者、カメラマンが参加したが、その中心となったのは若手の女性記者、酒井麻里子(27)(現・北海道支社編集部)だった。

この本は、夕張の過去、現在、未来を追うだけでなく、一人の記者が財政破綻の発覚から571日、いかに立ち向かい、いかに思ったのか、新聞記者の仕事とはどのようなものなのか、を書きつづったものだ。

落ち込んだ市民を励ますような明るい記事を書こうとする半面で、どうしても暗い話が多くなる。しかし、夕張の現実は、疲弊して高齢化が進む日本の地方の縮図。「夕張問題」を解決できない限り、地方に将来はない。こんな思いが、毎日の取材を駆り立てた。

1部と3部のドキュメントは、ほとんどを酒井記者が新たに書き下ろした。2部は、支社編集部、東京本社地方部、社会部なども参加して連載した記事を主体にした。

夕張市の財政破綻が表面化してから、早くも1年8か月が過ぎる。夕張の新聞記事が紙面やテレビをにぎわすことも少なくなった。しかし、巨額の借金を計画通りに返すことができたとしても、夕張の苦闘は18年間にわたって続く。ぜひとも、全国の人たちに関心を持ち続けて欲しいと願う。

最後に、出版に尽力していただいた能登印刷株式会社の能登隆市社長と、担当の出版部・島田剛男さん、そして何よりも私たちの取材に快く応じてくれた、たくさんの夕張市民のみなさんに感謝したい。

2008年3月

読売新聞北海道支社夕張支局長　吉木俊司

夕張市年表

1857年（安政4）	松浦武四郎が夕張川上流を探検
1874年（明治7）	地質学者ベンジャミン・スミス・ライマンが、夕張山地に石炭がある可能性を発表
1888年（明治21）	坂市太郎がシホロカベツ川上流で大炭層の露頭を発見
1889年（明治22）	北海道炭礦鉄道会社設立
1890年（明治23）	登川村が開村 夕張炭山の開発
1908年（明治41）	新夕張5番坑でガス爆発、死者93人
1912年（大正元）	夕張第2斜坑で相次いでガス爆発、死者はそれぞれ299人、216人
1913年（大正2）	夕張第1坑で火災、死者53人
1914年（大正3）	若鍋第2斜坑でガス爆発、死者423人
1918年（大正7）	夕張町と改称
1920年（大正9）	夕張坑でガス爆発、死者212人
1938年（昭和3）	夕張天竜坑でガス爆発、死者161人

1940年（昭和15）	真谷地榊坑で事故、死者51人
1943年（昭和18）	夕張市発足
1960年（昭和35）	夕張第二鉱坑内爆発、死者42人
1962年（昭和37）	大夕張ダム完成
1965年（昭和40）	夕張第一鉱坑内爆発、死者62人
1967年（昭和42）	旭炭鉱、志幌炭鉱閉山
1968年（昭和43）	北炭平和鉱坑内火災、死者31人
1970年（昭和45）	夕張炭鉱北夕鉱業所閉山
1972年（昭和47）	北菱鹿島炭鉱閉山
1973年（昭和48）	三菱大夕張炭鉱閉山
1975年（昭和50）	北炭平和鉱閉山
1978年（昭和53）	市役所庁舎新築落成
1979年（昭和54）	市長に中田鉄治氏（無投票当選） メロンブランデー醸造研究所開設、試験研究開始
1980年（昭和55）	北炭清水沢炭鉱閉山 第3セクター石炭の歴史村観光設立、「石炭博物館」、「SL館」開館

1981年（昭和56）	北炭夕張新炭鉱ガス突出事故発生、死者93人 国鉄石勝線開業、紅葉山駅を新夕張駅と改名 水上レストラン「望郷」開始
1982年（昭和57）	北炭夕張炭鉱会社更生手続の開始、北炭夕張新炭鉱閉山 夕張炭鉱病院が夕張市立病院として開院
1983年（昭和58）	市長に中田鉄治氏再選（無投票当選） 「石炭の歴史村」全面オープン 旧・小学校をホテルにリフォーム「ファミリースクールふれあい」として開設
1984年（昭和59）	メロンリキュール「めろん酒」発売 サイクリングターミナル「黄色いリボン」開設
1985年（昭和60）	農産物処理加工センター「めろん城」開設 三菱南大夕張炭鉱でガス爆発事故発生、死者62人
1986年（昭和61）	「ゆうばりホテルシューパロ」オープン
1987年（昭和62）	市長に中田鉄治氏三選（無投票当選） 北炭真谷地炭鉱閉山
1988年（昭和63）	「ロボット大科学館」、夕張美術館が開館 「幸福の黄色いハンカチ想い出広場」開設
1990年（平成2）	第1回ゆうばり国際冒険ファンタスティック映画祭開催 三菱南大夕張炭鉱閉山

1991年（平成3）	市長に中田鉄治氏四選
1994年（平成6）	「夕張鹿鳴館（旧・鹿の谷北炭倶楽部）」開館 夕張観光株式会社設立
1995年（平成7）	市長に中田鉄治氏五選 旧・北高等学校を宿泊施設にリフォーム「ファミリースクールひまわり」開設
1996年（平成8）	「夕張岳」国の天然記念物に指定 「ゆうばりユーパロの湯」オープン
1999年（平成11）	市長に中田鉄治氏六選
2000年（平成12）	「ゆうばり化石のいろいろ展示館」オープン
2001年（平成13）	「郷愁の丘ミュージアム・生活歴史館」オープン
2002年（平成14）	マウントレースイリゾートを市が松下興産より買収 「ゆうばりマウントレースイスキー場」及び「ホテルマウントレースイ」として新生オープン
2003年（平成15）	「郷愁の丘ミュージアム・センターハウス」「商業複合施設・シネマのバラード」オープン 第6代市長に前助役の後藤健二氏 中田鉄治前市長死去、名誉市民に
2005年（平成17）	映画「北の零年」希望の杜（ロケセット）オープン

2006年（平成18）

6・10 北海道新聞が、市の一時借入金、負債に関する報道
6・14 読売新聞が報道、各紙も続く
6・20 後藤健二市長が財政再建団体移行を市議会で表明
6・22 空知5市1町の「ヤミ起債」を読売新聞が報道
7・28 ゆうばり国際ファンタスティック映画祭中止を表明
9・29 市議会が財政再建団体申請を可決
10・4 初の住民懇談会
11・14 財政再建計画の骨子案公表
11・29 石炭の歴史村観光が自己破産申請
12・29 菅総務相が初視察

2007年（平成19）

1・26 財政再建計画素案公表。解消すべき赤字額約353億円、再建期間18年
2・13 大半の観光施設の運営を加森観光に委託することを決定
2・22 総務省に財政再建団体を申請
2・28 市議会が財政再建計画を可決
3・6 菅総務相が財政再建計画に同意。市は財政再建団体に移行
3・9 後藤市長が再選不出馬を表明
3・31 市職員の半数が早期退職、公共施設軒並み閉鎖
4・1 市立総合病院が市立診療所としてスタート
4・2 夕張観光開発が自己破産を申請
4・22 新市長に藤倉肇氏当選
4・27 加森観光の子会社「夕張リゾート」が観光施設再開

7・17	家庭ごみ収集有料化開始
8・8	大相撲夏巡業・夕張場所
8・11	ゆうばり夏まつり、花火大会開催
8・19	「がんばろう！夕張マラソンフェスティバル」開催
8・28	小・中各1校に統合することを決定
9・13	夕張再建計画初の変更案、2億1000万円増額を市議会が可決
9・19	基準地価が公表、夕張市は商業地で全国1位、住宅地で全国2位の下落率
	総務相が再建計画初の変更案に同意
9・21	市が市職員の残業手当未払い分を支給
9月中旬	悪質な税滞納者に対する物品差し押さえを20年以上ぶりに再開
10・1	消防本部で新たに6人採用、辞令交付
10・8	札幌市消防局が救急車1台貸し出し

限界自治《げんかいじち》　夕張検証《ゆうばりけんしょう》
女性記者《じょせいきしゃ》が追《お》った６００日《にち》

２００８年３月25日　第一刷発行

編　著　読売新聞東京本社北海道支社夕張支局
〒０６８-０５３１
北海道夕張市清水沢３

発行者　能登隆市

発行所　株式会社梧桐書院
〒１０１-００２４
東京都千代田区神田和泉町１-６-２　神田ビル２０３
電話　０３-５８２５-３６２０
振替　００１２０-８-１０２１６９

企画制作　能登印刷株式会社出版部・シナジー株式会社

印　刷　能登印刷株式会社

ISBN978-4-340-40121-5 C0036

論文「わが街を考える——『第二の夕張』を回避するために」募集

本書の刊行を記念し、読売新聞北海道支社は「懸賞付ミニ論文」を募集しています。審査の上、最優秀1人(賞金20万円)、優秀2人(各5万円)、佳作10人(記念品贈呈)を選びます。また、最優秀受賞者を夕張市へご招待します。

◆応募要領

内容　過疎化や高齢化による生活変化の実感、暮らしの中で納得できないと感じる行財政への提言など、身近な内容をお書きください。

字数　1200字まで

宛先　住所、氏名、年齢、職業、電話番号を明記の上、〒068-0531夕張市清水沢3　読売新聞夕張支局(TEL0123-59-5750)、FAX(0123-59-5752)、電子メール(yubari@yomiuri.com)でも受け付けます。ワード、テキスト文書に限ります。

締切　2008年9月30日

発表　2008年10月下旬　読売新聞紙上